Superspitze Dinowitze

Elko Lerche

Superspitze Dinowitze

Mit Illustrationen von Jan Saße

KOSMOS

Fragt ein kleiner Tyrannosaurus rex seine Mutter:
„Mama, kommen Dinosaurier eigentlich auch in den Himmel?"
Darauf die Mutter: „Nein, mein Schatz, ins Museum!"

Bei den Tönnies klingelt es. Frau Tönnies öffnet die Tür und sieht einen Mann in voller Ritterrüstung.
Der Besucher sagt: „Ich bin der neue Haustiersitter und soll auf Ihren Velociraptor aufpassen. Die Rüstung trage ich aus Berufserfahrung!"

Was passiert eigentlich, wenn ein Brachiosaurus im Wasser kalte Füße kriegt? Erkältet der sich? – Bestimmt, aber es dauert wahrscheinlich eine Woche, bis ihm die Nase läuft!

Kommt ein junger Triceratops nach Hause und sagt:
„Mama, ein Tyrannosaurus hat mir ins Bein gebissen!"
„Und", fragt die Mama, „hast du was drauf getan?"
„Nein, es hat ihm auch so geschmeckt!"

Die Mathehausaufgabe lautet: Zu Fuß braucht man für sechs Kilometer eine Stunde. Wie lange braucht man für 120 Kilometer?
Christoph hat seine Hausaufgabe nicht gemacht, aber er hat eine gute Entschuldigung: „Tut mir leid, Herr Lehrer, aber mein Iguanodon ist immer noch unterwegs!"

Fragt ein Herrerasaurus einen anderen:
„Sag mal, bin ich eigentlich giftig?"
„Weshalb fragst du?"
„Ich habe mir eben auf die Zunge gebissen!"

Warum hat der Brachiosaurus so einen langen Hals? – Damit er bei Hochwasser nicht ertrinkt!

Zwei Forscher sind auf der Suche nach dem letzten lebenden Spinosaurus. Sie entdecken nach einer Weile eine Fußspur. Der eine macht folgenden Plan: „O. k., du siehst nach, wo er hingegangen ist, und ich finde heraus, wo er hergekommen ist!“

Warum haben Sauropoden so einen langen Hals? – Weil der Kopf so weit oben sitzt!

Fragt ein Besucher den Museumsdirektor: „Entschuldigen Sie, wissen Sie, wie alt dieses Tyrannosaurusskelett hier ist?“
„65 Millionen und neun Jahre“, sagt der Direktor.
„So genau wissen Sie das? Erstaunlich!“, entgegnet der Besucher.
„Ja“, sagt der Direktor, „vor neun Jahren trat ich meine Stelle an und da war es exakt 65 Millionen Jahre alt.“

Fragt der Kunstlehrer den kleinen Tom: „Und, was malst du gerade?"
Tom antwortet: „Mein Bild zeigt pflanzenfressende Ankylosaurier auf einer grünen Wiese."
„Aber", fragt der Lehrer nach, „ich sehe gar keine Pflanzen und auch kein Gras!"
„Pflanzen und Gras wurden ja auch von den Ankylosauriern aufgefressen!"
„Aber ich sehe auch keine Saurier auf deinem Bild!"
„Warum, Herr Lehrer, sollten sich pflanzenfressende Saurier auch ausgerechnet dort aufhalten, wo es keine Pflanzen mehr gibt?"

Woran sieht man, dass ein Brachiosaurus im Kühlschrank war? – An den Fußspuren in der Butter!

Wie nennt man einen Stegosaurus, der in einem Ohr eine Melone und in dem anderen eine Pampelmuse stecken hat? – Den kann man nennen, wie man will, er hört es ja doch nicht!

Fragt der kleine Lars seine Mutter: „Was soll unser Brachiosaurus eigentlich zu Weihnachten bekommen?“
Sagt die Mutter prompt: „Also, einen Schal stricke ich ihm nicht, das steht fest!“

Sitzt ein Triceratops im Kino. Von hinten tippt ihm ein Iguanodon auf die Schulter und sagt: „Würden Sie bitte Ihren Hut abnehmen, ich kann nichts sehen.“
Der Triceratops dreht sich um und meint: „Haha, ein Iguanodon im Kino, so was hab ich noch nie gesehen, das ist wirklich verrückt!“

Warum gibt es Gummibärchen, aber keine Gummisaurier? – Weil sie nicht in die Tüte passen!

Trifft ein Tyrannosaurus rex bei einem Spaziergang einen Struthiosaurus. Fragt der T-Rex: „Na, wer bin ich, sag es mir!"
„Du bist der König der Dinosaurier!", antwortet der Struthiosaurus.
„Sehr gut, mein Lieber!", sagt der T-Rex und geht weiter. Dann trifft er auf einen Triceratops und stellt die gleiche Frage.
Der Triceratops sagt sofort: „Der große König aller Saurier!"
Zufrieden läuft der Tyrannosaurus weiter, bis er einen Deinocheirus trifft. Dem stellt er auch die Frage: „Wer bin ich?"
Der Deinocheirus schweigt, holt mit seiner schrecklichen Kralle aus und will auf den T-Rex losgehen.
Da sagt dieser: „Halt, ruhig Blut, man wird ja wohl noch fragen dürfen ..."

Zwei Stegosaurier kommen in einen Meteoritenhagel.
Sagt der eine: „Lass uns gehen, es fängt an zu regnen!"

Sagt der Tierarzt zum Compsognathus:
„Weißt du, wogegen ich dich geimpft habe?"
„Ja, gegen meinen Willen!"

Seufzend sagt der Gigantosaurus beim Anblick eines Zebras:
„Ja, Streifen machen schlank!"

Die Argentinosaurus-Mama ist mit ihrem Nachwuchs am Wasserloch. Alle nehmen einen guten Schluck. Plötzlich fangen die Kleinen an zu prusten.
Fragt die Mama: „Habt ihr euch verschluckt?"
„Nein, nein", wird das Muttertier beruhigt, „wir sind alle noch da!"

Was ist der Unterschied zwischen einer Zecke und einem Brachiosaurus? – Ein Brachiosaurus könnte eine Zecke haben, eine Zecke aber keinen Brachiosaurus!

Bei einem Spaziergang trifft ein Stegosaurus ein unbekanntes Tier. Er fragt: „Was bist du denn für ein seltsames Tier?"
„Ich bin ein Wolfshund. Ganz einfach: Vater Wolf, Mutter Hund."
„Ach so", sagt der Stegosaurus und läuft weiter.
Nach einer Weile trifft er noch ein Tier und fragt: „Was bist du denn für ein Tier?"
„Ich bin ein Ameisenbär!", bekommt er zur Antwort.
„Nee, nee", meint der Stegosaurus kopfschüttelnd, „das kannst du mir nicht erzählen!"

Warum sind Iguanodons eigentlich so schlechte Tänzer? – Weil sie zwei linke Füße haben!

Der Kakadu hat Geburtstag.
Fragt ihn der Pteranodon: „Wie alt bist du jetzt eigentlich geworden?"
„Achtzehn", antwortet der Kakadu.
„Oh, dann muss ich jetzt ja ‚KakaSie' sagen!"

Wie sperrt man einen Stegosaurus in eine Streichholzschachtel? – Schritt 1: Auf jeden Fall die Streichhölzer herausnehmen!

Fragt ein Bauer einen anderen, der sich einen Triceratops hält: „Und, wie alt ist dein Triceratops?"
Sagt der andere: „Ungefähr zweieinviertel!"
Da erkundigt sich der erste Bauer: „Und woran erkennst du das?"
Darauf erklärt der andere: „An den Hörnern! Ist doch logisch, zwei lange Hörner, ein sehr kurzes, also zweieinviertel!"

Am Fluss unterhalten sich zwei Nachbarn über die große Überschwemmung. Sie sehen nichts als Wasser und Gerümpel, das vorbeitreibt. Plötzlich bemerkt der eine einen Brachiosaurierkopf aus dem Wasser ragen, der sich immer in Linien hin und her bewegt.
Er zeigt darauf und fragt seinen Nachbarn: „Sag mal, ist das nicht euer Brachiosaurus dort?"
„Genau", antwortet der, „er wollte unbedingt am Samstag den Rasen mähen, egal bei welchem Wetter!"

Fragt eine Frau ihre Freundin: „Weihnachten steht vor der Tür, was soll ich denn eurem Scutellosaurus schenken?“
„Schenk ihm eine Lesebrille und ein Buch dazu“, antwortet die Freundin.
„Warum, kann er denn lesen?“
„Nein, natürlich nicht, aber er würde gerne so aussehen, als ob er es könnte!“

Kommt ein Velociraptor zu einem Protoceratops und will ihn im Rechnen testen: „Also, du hast zehn Eier und ich nehme dir drei weg. Wie viele bleiben dir?“
„Uff, das ist nicht einfach ...“, antwortet der Protoceratops. „Ich wusste noch nicht mal, dass ein Velociraptor gerne Eier isst!“

Wann haben Stegosaurier acht Beine? – Wenn sie zu zweit sind!

Zwei Tyrannosaurier beobachten eine riesige Herde von Triceratops. Fragt der eine: „Was meinst du, wie viele es sind?"
„304!", antwortet der andere wie aus der Pistole geschossen.
„Warum weißt du das so schnell?"
„Ich habe einfach alle Beine gezählt und dann schnell durch vier geteilt!"

Wie lang sollten Brachiosaurus-Beine sein? – Mindestens bis zum Boden!

Ein Stegosaurus läuft mit schrecklichem Durst durch eine furchtbar trockene Gegend. Da trifft er einen Artgenossen und fragt: „Entschuldigung, wo ist denn hier das nächste Wasserloch?"
„Ach, ganz einfach", antwortet der andere, „immer geradeaus und nächste Woche biegst du links ab!"

Zwei dicke Argentinosaurier wollen abnehmen.
Nach einer Woche sagt der eine: „Also, ich habe schon 150 Gramm abgenommen!“
Darauf der andere: „Ich will ja nicht angeben, aber ich schon 180!“

Fragt Doris ihre Mutter: „Mama, was fressen eigentlich Iguanodons?“
„Was sie so finden!“
„Und wenn sie nichts finden?“
„Dann fressen sie eben etwas anderes!“

Ein Hotelgast kommt zum Portier und sagt: „Mein Herr, in meinem Zimmer ist ein Spinosaurus!“
„Kein Problem“, meint der Mann an der Rezeption, „wir können Ihnen gerne ein zweites Bett ins Zimmer stellen!“

Sagt ein Brachiosaurus zu einer Brachiosaurus-Mama mit ihrem Kleinen: „Wie willst du den klitzekleinen Saurier denn großziehen?“
„Großziehen?“, fragt die Mutter verblüfft. „Den lass ich einfach wachsen!“

Das kleine Tyrannosaus-Baby schreit immerfort.
Ein Artgenosse fragt die Mutter: „Warum schreit er denn so?"
„Weil er Zähne kriegt", antwortet sie.
„Aha, will er denn keine?"

Wie nennt ein Tyrannosaurus einen Triceratops auf dem Skateboard? – Essen auf Rädern!

Wie fängt man einen Diplodokus? –
Man hängt sich an einen Baum
und macht das Geräusch
eines saftigen Blattes nach!

Was sagt man, wenn man einen Dinosaurier mit zwei Köpfen trifft? –
„Guten Tag, guten Tag!“

Fragt ein Tyrannosaurus einen anderen: „Was machst du denn hier?“
„Jagen!“, antwortet der.
„Und was jagst du?“, fragt der neugierige Artgenosse nach.
„Triceratops!“
„Und, hast du schon einen gefangen?“
„Nein“, murmelt der Jäger genervt.
„Und woher willst du dann wissen, dass du Triceratops jagst?“

Ein Brachiosaurus und ein kleiner Scutellosaurus laufen in der Sonne, der Scutellosaurus immer im Schatten des großen Brachiosaurus. Nach einiger Zeit sagt der Scutellosaurus: „Wenn es dir zu heiß wird, können wir gerne tauschen!“

Was macht ein Struthiomimus, der auf einem Bein steht? –
Er überdenkt den nächsten Schritt!

Spielen zwei Stegosaurier Tennis. Als es zu regnen beginnt, reckt ein Cetiosaurus seinen Hals aus der Höhle und ruft: „Warum kommt ihr nicht rein, hier könnt ihr Tischtennis spielen?" Da antworten die Stegosaurier: „Was für ein Quatsch, schon mal Stegosaurier beim Tischtennis gesehen?"

Warum schwingen sich Tyrannosaurier nicht von Ast zu Ast? – Nichts würden sie lieber tun, aber die Arme sind zu kurz!

Das Frauchen schimpft mit ihrem Scutellosaurus: „Warum hast du bloß zwei Vasen nach deinem Herrchen geworfen?"
„Weil die erste nicht getroffen hat!"

Was ergibt eine Kreuzung zwischen einem Triceratops und einem Känguru? – Einen Tricera-hops!

Das kleine Iguanodon der Seifers kommt aus dem Bad und sagt: „Ich war überhaupt nicht schmutzig! Vor und nach dem Duschen habe ich mich auf die Waage gestellt und es wurde beide Male dasselbe Gewicht angezeigt!“

Sitzt eine Fliege auf einem Tyrannosaurus.
Kommt eine zweite herbei und fragt: „Was machst du denn hier?“
Sagt die erste „Psst! Leise! Wir jagen!“

Warum haben manche Dinosaurier so seltsame Fußspuren? – Damit die Füße reinpassen!

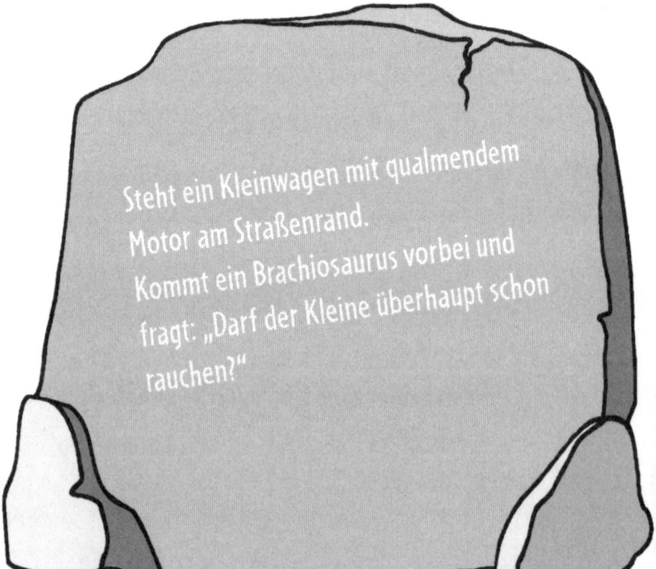

Ein Diplodokus trifft ein junges Iguanodon. Da stellt der Diplodokus fest: „Meine Güte, du bist ja ziemlich klein.“
„Ja“, sagt das Iguanodon, „aber ich bin auch ziemlich lange krank gewesen!“

Ein kleiner Triceratops kommt ganz aufgeregt nach Hause und sagt zu seiner Mutter: „Dahinten ist schon wieder ein Vulkan ausgebrochen!“
„Und“, fragt die Mutter, „konnten sie ihn wieder einfangen?“

Warum hat der Velociraptor rohes Fleisch gegessen? –
Weil er nicht kochen konnte!

Sitzen zwei Stegosaurier auf einer Eisscholle und treiben aufs offene Meer hinaus. Seit Tagen nichts als das Meer in Sichtweite.
Sagt der eine: „Du, ist das dahinten nicht Land?“
„Nein“, berichtigt ihn der andere, „das ist nur der Horizont.“
„Na“, meint der erste, „immer noch besser als noch mehr Wasser!“

Die Löws fragen ihr kleines Iguanodon:
„Wie wäre es, wenn wir dir noch einen Spielgefährten besorgen würden?"
Da sagt das Iguanodon: „Ach, meint ihr? Also bisher bin ich auch allein ganz gut mit euch fertiggeworden!"

Was hat Stacheln am Schwanz, Rückenplatten und 16 Räder? –
Ein Stegosaurus auf Rollschuhen!

Als die Feuerwehr beim brennenden Haus eintrifft, entdeckt sie einen Ceratosaurus, der Papier in die Flammen wirft.
Wütend schreit der erste Feuerwehrmann das Tier an:
„Was fällt Ihnen ein, noch Papier in das Feuer zu werfen?"
„Was regen Sie sich so auf, ich helfe Ihnen doch, das ist Löschpapier!"

Der Hausmeister sieht den Hadrosaurus die Kunstblumen gießen.
Er fragt ihn: „Was machst du denn da, das sind doch künstliche Pflanzen!"
Der Saurier antwortet: „Weiß ich, es ist ja auch kein Wasser in der Gießkanne!"

Unterhalten sich zwei alte Brachiosaurier. Sagt der eine: „Mein Onkel ist letzte Woche vom Blitz erschlagen worden."
Sagt der andere: „Ja, der sah auch gar nicht gut aus in letzter Zeit!"

Was hatten Dinosaurier,
was nie ein anderes Tier hatte? -
Dinosaurier-Babys!

Unterhalten sich zwei Dinosaurier vor 65 Millionen Jahren.
„Jetzt sterben wir aus", seufzt der eine traurig.
„Macht doch nichts", tröstet ihn der andere, „wir werden ja in Überraschungseiern wiedergeboren!"

Die kleine Sarah möchte sich im Kunstunterricht an der Skulptur ihres Lieblingsdinos, dem Juravenator, versuchen.
Sie fragt ihren Lehrer: „Meinen Sie, es ist sehr schwierig, einen Juravenator aus einem Stein zu meißeln?"
„Nein, eigentlich nicht", sagt der Lehrer. „Nimm einfach einen Stein und hau alles weg, was nicht nach Juravenator aussieht!"

Was ergibt eine Kreuzung zwischen einem Cetiosaurus und einem Maulwurf? – Einen Bohrturm!

Was macht der Brachiosaurus, nachdem er den Zug nach Hause genommen hat? – Er bringt ihn am nächsten Tag wieder zurück!

Der Tierarzt trägt seine Hand in einem Verband.
Fragt ihn seine Sprechstundenhilfe: „Wie ist das denn passiert?“
Daraufhin erläutert der Tierarzt: „Nun, ich habe meine Hand in das Maul eines Deinonychus gesteckt, um zu fühlen, ob er noch alle Zähne hat.“
„Und dann?“, fragt die Sprechstundenhilfe weiter.
„Nun, der Deinonychus fühlte sofort, dass ich noch alle Finger hatte.“

Zwei Brachiosaurier machen sich genüsslich über eine Baumkrone her.
Sagt der eine: „Wenn du noch mehr frisst, wirst du platzen!“
Darauf der andere: „Na, dann überlass mir mal die letzten Blätter und geh in Deckung!“

Ein Zoo möchte eine neue Attraktion bieten, um wieder mehr Besucher anzulocken und steckt zwei Tierpfleger in ein Tyrannosaurus-Kostüm. Die Pfleger werden aber übermütig, tollen herum und springen über den Zaun. Unverhofft finden sie sich im Löwengehege wieder.
Da ergreift sie die Panik und sie fangen an zu schreien.
Doch die Löwen zischen ihnen nur zu: „Psst. Seid gefälligst leise, sonst fliegt die ganze Sache auf und wir verlieren alle unseren Job!“

Unterhalten sich ein Cetiosaurus und ein kleiner Juravenator. Der Cetiosaurus erklärt ausführlich, wie froh er ist, so einen langen Hals zu haben: „Zum Beispiel komme ich an die leckeren Blätter der Baumkronen und, weißt du, im Sommer, wenn es richtig heiß ist, liebe ich das Gefühl, wenn ein großer Schluck Wasser kühl meinen langen Hals hinunterrinnt!" „Und", erkundigt sich der Juravenator, „wie ist es so, wenn dir übel ist und du spucken musst?"

Kommt ein Dinosaurier nach der Eiszeit an einer Pfütze vorbei und denkt sich: „Du Armes, warst bestimmt mal ein Schneemann."

Der kleine Bodo fragt seinen Vater, was ein Dinosaurier ist. Der Vater antwortet: „Dinosaurier sind dumme, hässliche Echsen, die längst ausgestorben sind!“
Da tippt ein Spinosaurus dem Vater von hinten auf die Schulter und meint freundlich, aber bestimmt: „Vielleicht möchte der Herr seine Antwort noch einmal gründlich überdenken?“

Ein Kunde beschwert sich bei der Zoohandlung: „Der Scutellosaurus, den Sie mir verkauft haben, ist nach nur einem Tag eingegangen!“
„Komisch“, sagt der Verkäufer schulterzuckend, „bei uns im Geschäft hat er das nie gemacht!“

Warum können Pliosaurier nicht sprechen? –
Versuch du doch mal zu sprechen, wenn dein Kopf unter Wasser ist!

Ein Iguanodonpärchen unterhält sich:
„Hast du auch an unser Baby gedacht?“
„Ja, natürlich!“
„Und, hast du es auch gefüttert?“
„Nein.“
„Was hast du dann gemacht?“
„Ich habe an unser Baby gedacht!“

Was ist genauso groß wie ein Argentinosaurus, ist aber dunkler und wiegt nichts? – Der Schatten eines Argentinosaurus!

Ein alter Triceratops erzählt seinen Enkeln Geschichten: „Einmal, da wurde ich von vier Tyrannosauriern auf einmal angegriffen!"
„Aber, Opa, letztes Mal hast du noch gesagt, es wären nur drei gewesen!"
„Ja, da wart ihr noch zu klein, um die ganze Wahrheit zu erfahren!"

Steht ein Stegosaurus an einem breiten, reißenden Fluss. Plötzlich sieht er am anderen Ufer einen Artgenossen, wird neugierig und ruft ihm zu: „Sag mal, wie bist du denn über den Fluss gekommen?" Ruft der andere zurück: „Ich bin hier geboren!"

Der kleine Linus will vor seinen Freunden mal wieder mit seiner Verwandtschaft prahlen: „Mein Onkel hat eine führende Position im Zirkus!"
„Was macht er denn dort?", fragt sein Freund Benni.
„Och", antwortet Linus, „er führt den Brachiosaurus in die Manege!"

Warum sind die Dinosaurier ausgestorben? –
Weil sie die Kreide einfach satt hatten!

Kommt ein Triceratops zurück nach Hause. Die Angst steht ihm noch ins Gesicht geschrieben.
„Was ist dir denn passiert?“, fragt die Mutter.
„Ich habe eine Horde Tyrannosaurier gesehen. Das war ziemlich zum Fürchten!“
„Und“, fragt die Mama nach, „was hast du dann gemacht?“
„Ich bin schnell weggerannt und habe mich in einem Krater versteckt!“
„Aber es gibt hier doch überhaupt keine Krater!“
„Also, das war mir in dem Moment echt so was von egal!“

Woran merkt man, dass sich ein Diplodokus unterm Bett befindet? – Die eigene Nasenspitze berührt dann die Zimmerdecke!

An einem heißen Sommertag kommt ein schrecklich schwitzender Sphenacodon an einem Artgenossen vorbei, der ruft: „Fächer zu verkaufen, gönnen Sie sich eine luftige Kühlung!“
Gut, denkt der Sphenacodon, soll mir recht sein und wendet sich an den Verkäufer: „Ich nehme einen!“
Da sagt der Verkäufer: „Eine gute Entscheidung, Sie werden es nicht bereuen.“
Dann pfeift er und es kommt ein Dimetrodon herbei.
Enttäuscht fragt der Sphenacodon, was er damit solle: „Den kann ich wohl schlecht in die Hand nehmen, oder?“
„Nein“, entgegnet der Verkäufer, „aber er bewegt sich nicht gern und Sie können Ihr Gesicht komfortabel vor seinem Rückensegel hin und her schwenken!“

Angenommen, ein giftiges Urzeitreptil verspeist einen Giftpilz: Wird es dann krank oder noch giftiger?

Kommt ein kleines Iguanodon zu seiner Mama, die ein Buch in der Hand hat.
„Mama", fragt das kleine Iguanodon, „was ist das für ein Buch?"
Die Mutter antwortet: „Das ist ein Buch über Kindererziehung."
„Ach so", sagt das Kleine da, „also quasi meine Bedienungsanleitung?"

Zwei Ankylosaurier wollen ihr Essen jetzt selbst anbauen.
Sagt der eine: „Weißt du, dass die Pflanzen schneller wachsen, wenn man ihnen gut zuredet?"
Sagt der andere: „Na schön, dann werde ich jetzt mal das Unkraut beleidigen!"

Die Tyrannosaurier machen eine Party.
Verspätet kommt noch einer allein und wird gefragt: „Warum hast du deine Freundin denn nicht mitgebracht?"
„Sie ist krank", antwortet er.
„Gefährlich?"
„Nein, richtig gefährlich ist sie nur, wenn sie gesund ist!"

Welcher Dinosaurier war eigentlich schneller, der Velociraptor oder der Elasmosaurus? – An Land der Velociraptor, im Wasser der Elasmosaurus!

Ein junge Frau kommt ganz aufgeregt in die Polizeistation und sagt: „Ich wurde eben von einem Spinosaurus überfallen!“
„Na gut“, sagt der diensthabende Polizist, „wie sah er denn ungefähr aus?“
„Keine Ahnung“, sagt die Frau, „er trug schließlich eine Maske!“

Schreit der Triceratops:
„Aua, wer hat mich da gebissen?“
Sagt der Tyrannosaurus:
„Was hilft es dir, wenn du weißt, wie ich heiße?“

Ein Iguanodon wird von einem Brachiosaurus auf den Fuß getreten. Das Iguanodon beschwert sich: „Ey, du hast mich gestern schon über den Haufen gerannt!“ Sagt der Brachiosaurus: „Tut mir leid, ich habe dich nicht wiedererkannt!“

„Wusstest du, dass einige Dinosaurier die Kreidezeit vielleicht doch überlebt haben und sich fortan hinter Hagebuttenbüschen verstecken?“

„Nein!“

„Da siehst du, wie gut sie sich tarnen!“

Zwei Triceratops schieben in der Nacht Wache, um ihre Herde zu beschützen.

Flüstert der eine: „Hey, hast du das nicht auch gehört?“

„Natürlich hab ich das gehört!“

„Und warum rufst du dann nicht laut, um die anderen zu warnen?“

„Dann würde ich ja nichts mehr hören!“

Laufen zwei Stegosaurier im Kreis. Sagt der eine, „Vorsicht, da kommt eine Kurve!“

Sagt ein schwangeres Tyrannosaurier-Weibchen zu ihrem kleinen Neffen: „Da in meinem Bauch ist mein Baby drin!"
„Und, hast du es lieb?", fragt der Kleine.
„Ja, natürlich!"
„Und warum hast du es dann gefressen?"

Die Lehrerin erklärt die Theorie, nach der die Dinosaurier durch die Naturkatastrophe im Anschluss an einen Meteoriteneinschlag ausgestorben sind. Sie berichtet von riesigen Flutwellen, die alles unter sich begraben haben, von der Verdunkelung der Sonne durch gigantische Staubwolken und dergleichen mehr.
Da fragt die kleine Sarah: „Das ist ja furchtbar! Haben denn die kleinen Triceratopse dann wenigstens ein paar Tage schulfrei bekommen?"

Bei den Mayers klingelt es. Ein gigantischer Brachiosaurus steht vor der Tür und sagt: „Guten Tag, ich bin der neue Brachiosaurus von Ihrem Sohn."
Frau Mayer sagt: „Moment!" Sie dreht sich zu ihrem Sohn um, der hinter ihr steht, und sagt streng: „Ich habe dir doch gesagt: Ein Brachiosaurus aus dem Spielzeuggeschäft ist in Ordnung, aber bitte keinen aus der Zoohandlung!"

Ein Protoceratops hat sich verlaufen.
Da trifft er ein paar seiner Artgenossen
und fragt sie: „Sieht aber ganz schön gefährlich hier aus!
Gibt es hier nicht auch den Velociraptor?“
„Nein, keine Angst“, antwortet einer von ihnen.
„Die gab's hier früher, aber die wurden alle von den
Tyrannosauriern gefressen!“

Wo waren die Dinosaurier, als der Himmel sich verdunkelte? – Erst mal im Dunkeln!

Ein kleiner Carnotaurus sucht seinen Vater und fragt den nächstbesten Artgenossen: „Haben Sie vielleicht einen großen Carnotaurus ohne Kind gesehen, der so aussieht wie ich?“

Die letzten Worte eines Dinosauriers:
„Guck mal, da fällt was vom Himmel
und wird immer größer!“

Streitgespräch zwischen zwei Haltern von Velociraptoren:
„Mein Velociraptor ist so scharf abgerichtet, dass er niemanden an sich herankommen lässt!“
„Reine Feigheit! Meiner ist so scharf, dass er jeden an sich herankommen lässt!“

Gina gibt vor ihrer Freundin Meike mit der Intelligenz ihres Scutellosaurus an: „Der ist so schlau und selbstständig, dass er für mich Eiscreme kaufen geht, wenn ich ihm ein paar Euro gebe.“
„Glaube ich nicht“, zweifelt Meike und macht die Probe, indem sie dem kleinen Saurier Geld gibt und gespannt auf das Ergebnis wartet.
Nach einer Stunde ist er noch nicht zurück.
Gina fragt daraufhin ihre Freundin: „Wie viel Geld hast du ihm denn mitgegeben?“
Meike antwortet: „Zehn Euro!“
„Das war allerdings zu viel“, entgegnet Gina, „da müssen wir länger warten, denn für zehn Euro geht er immer ins Kino!“

Zwei kleine Scutellosaurier wollen nach Hause. Sagt der eine: „Wollen wir zu Fuß gehen oder nehmen wir den Brachiosau-Bus?"

Das letzte Triceratops-Pärchen auf der Welt unterhält sich.
„Liebst du mich?", fragt das Weibchen.
Darauf das Männchen: „Klar, wen sonst?"

Sitzt ein Archaeopteryx-Pärchen auf dem Baum und sieht zu, wie ihr kleiner Brachiosaurus die Äste hinaufsteigt und versucht, in den Gleitflug zu kommen.
Da sagt der eine Urzeitvogel: „Ich glaube, wir müssen ihm bald sagen, dass er adoptiert ist."

Die Iguanodon-Mama kommt in ihre Höhle.
Sie fragt ihren Nachwuchs: „Und, war jemand da?"
Darauf die Kinder: „Ja."
Da fragt Mutter zurück: „Wer?"
Die Kleinen: „Wir!"
Darauf die Mutter etwas verärgert: „Nein, ich meine, ob jemand gekommen ist!"
Die Kinder antworten: „Ja, du!"

Fragt der kleine Carsten seinen Lehrer:
„Haben Sie schon mal einen lebenden Ankylosaurus gesehen?“
„Natürlich nicht“, antwortet der Lehrer.
Daraufhin ist Carsten sich sicher: „Dann müssten Sie eigentlich meinen Opa kennen, denn der hat auch noch keinen gesehen!“

Sitzen zwei Archaeopteryx auf einem Ast.
Da kommt ein Meteorit mit brennendem Schweif vorbeigeflogen.
Staunend fragt der eine: „Sag mal, warum kann der so schnell fliegen?“
Antwortet der andere: „Wenn dir dein Popo so brennen würde, wärst du auch so schnell!“

Ein Triceratops unterrichtet seinen Sohn über die Gefahren der urzeitlichen Umgebung.
„Was machst du, wenn du einen Tyrannosaurus siehst?", fragt er
„Dann laufe ich schnell weg!", antwortet der Sohn.
„Und wenn ein Fluss im Weg ist?"
„Dann springe ich über den Fluss und laufe weiter!"
„Und wenn der Fluss zu breit ist, um darüber zu springen?"
„Sag mal, Papa, zu wem hältst du eigentlich? Zu mir oder zu dem Tyrannosaurus?"

Trifft ein schlankes Iguanodon einen dicken Brachiosaurus.
Sagt der Brachiosaurus: „Wenn man dich so ansieht, könnte man meinen, es sei eine Hungersnot ausgebrochen!"
„Ja", antwortet das Iguanodon, „und wenn man dich so ansieht, könnte man meinen, du wärst schuld daran!"

Der Lehrer erklärt seiner Klasse, dass die Dinosaurier ausgestorben sind, als ein Meteorit die Erde traf und eine gigantische Naturkatastrophe auslöste. Die kleine Ina will wissen, ob dieser Meteorit bei Nacht oder bei Tag auf die Erde fiel.
Der Lehrer ist etwas verdutzt und fragt: „Warum willst du das denn wissen?"
Daraufhin sagt Ina: „Ist doch klar: Wenn er bei Nacht fiel, könnte es doch sein, dass die Dinosaurier alle geschlafen haben und noch gar nichts davon wissen!"

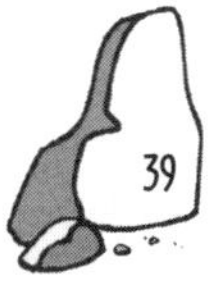

Warum malen sich Brachiosaurier die Fußsohlen gelb an? – Um sich kopfüber im Senf verstecken zu können!

Lina ist der Meinung, den klügsten Triceratops der Welt getroffen zu haben. Angeblich kann er sogar rechnen: „Ich habe ihm gesagt, dass ich ihm von zwölf Möhren einmal fünf und einmal sieben wegnehme. Dann habe ich ihn gefragt, wie viele übrig bleiben. Und er sagte tatsächlich nichts!“

Aus einem vierzehn Stockwerke hohen Haus sei sein Velociraptor aus dem Fenster gesprungen, ohne sich auch eine Schramme zugefügt zu haben, berichtet Tino.
„Wie hat er das geschafft?“, wollen die anderen wissen.
„Nun“, meint Tino, „das Fenster befand sich im Erdgeschoss!“

Ein Scutellosaurus und ein Brachiosaurus gehen gemeinsam spazieren. Der Brachiosaurus tritt versehentlich auf den Scutellosaurus.
Darauf sagt der Scutellosaurus: „Macht nix, hätte mir auch passieren können!“

Kommt ein Mann mit einem kleinen Brachiosaurus in eine Bar.
Sagt der Wirt: „Tut mir leid, aber Dinosaurer dürfen hier nicht rein!"
Der Mann darauf: „Moment, das Schild habe ich gelesen, aber mein Saurier spielt wirklich hübsch Klavier!"
Der Mann setzt das Tier ans Piano und es spielt wirklich ganz entzückend. Der Wirt und die anderen Gäste sind begeistert und das Tier kann bleiben. Plötzlich geht die Tür auf, es kommt ein riesiger verärgerter Brachiosaurus rein, schnappt sich das musikalische Tier und verschwindet damit.
Da fragt der Barkeeper: „Was sollte das denn jetzt?"
Der Mann antwortet: „Ach, schade, das war die Mutter des Kleinen. Sie möchte nicht, dass er Klavier spielt, sie will, dass er endlich Medizin studiert!"

Zwei Tyrannosaurier unterhalten sich.
„Warum haben wir eigentlich so scharfe Zähne?“, fragt der eine.
„Damit wir gut Beute machen können!“, antwortet der andere.
„Und warum haben wir so kräftige Beine?“
„Damit wir schnell rennen können!“
„Und was machen wir dann noch hier im Museum?“

„Haben sich die Gesangsstunden
für euren Triceratops eigentlich gelohnt?“
„Na und ob, wir konnten dann die
Nachbarhäuser sehr preisgünstig erwerben!“

Sagt ein Brachiosaurus zum anderen:
„Mist, ich hab schon wieder einen Holzsplitter im Fuß!“
Sagt der andere: „Musst du dich auch ständig am Kopf kratzen?!“

Zwei Panoplosaurier stehen auf einer Wiese und beobachten Schafe.
Der eine fragt: „Weißt du, wie viele Schafe notwendig sind, um einen Pullover zu stricken?“
„Keine Ahnung“, sagt der andere, „ich wusste noch nicht einmal, dass Schafe überhaupt stricken!“

Fragt die kleine Petra den Zoowärter:
„Welcher Dinosaurier ist eigentlich der musikalischste?"
„Der Velociraptor!", antwortet der Zoowärter, ohne zu überlegen.
„Singt er denn am schönsten?"
„Nein, aber er rennt am schnellsten weg, wenn die anderen Dinosaurier damit anfangen!"

Warum haben Cetiosaurier so lange Hälse? – Damit sie Waldbrände von oben löschen können!

Fragt ein junger Tyrannosaurus seine Mutter: „Ist schon Mittagszeit? Gehen wir jagen? Ich habe schrecklichen Appetit!"
„Nein, es ist noch nicht Mittag", gibt ihm die Mutter zur Antwort.
„Hm, dann geht mein Magen wohl vor!"

Was sagen zwei Argentinosaurier, wenn sie sich aus Versehen über den Haufen rennen? – „Tja, wie klein die Welt doch ist!"

Die Velociraptorfamilie macht eine Grünzeugdiät. Dem Kleinen schmeckt es aber gar nicht und er beschwert sich.
Sagt die Mutter: „Nun friss schon, andere Kinder wären froh, wenn sie auch nur die Hälfte davon hätten!“
Da erwidert das Junge: „Da wäre ich jetzt auch froh!“

Warum brüllten die Dinosaurier? –
Weil sie es nicht nötig hatten,
einen Text auswendig zu lernen!

Steht ein Zahnarzt vor einem Tyrannosaurierskelett und denkt sich: „Mit den Zähnen bin ich einverstanden, aber sein Zahnfleisch gibt Grund zur Sorge!“

Warum fing der Archaeopteryx den Wurm? –
Weil er der frühe Vogel war!

Stehen zwei Ankylosaurier auf der Wiese und grasen. Sagt der eine: „Warum ist unsere Kollegin dahinten denn so dünn geworden?“
„Ach, die ...“, antwortet der andere, „... die ist abergläubisch geworden und frisst jetzt nur noch vierblättrigen Klee!“

Wie unterhält man sich mit einem Tyrannosaurus? –
Am besten aus einiger Entfernung!

Kommt eine Frau zum Psychiater und sagt:
„Mein Mann glaubt, er sei ein seltener Sauropode!“
„Und warum haben Sie ihn dann nicht mitgebracht?“
„Ich habe ihn an ein Museum verkauft!“

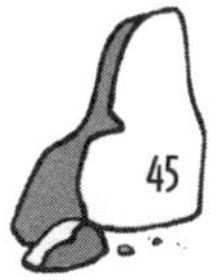

Stimmt es eigentlich, dass man vor Angriffen von Tyrannosauriern geschützt ist, wenn man ein Gebüsch vor sich hält? – Kommt drauf an, wie schnell du mit dem Gebüsch laufen kannst!

Ein Reporterteam bekommt das erste Interview mit dem Seeungeheuer Nessie von Loch Ness. Der Reporter fragt zunächst: „Nessie, sind Sie der älteste überlebende Dinosaurier auf der Welt?“ „Nein“, antwortet das Ungeheuer, „meine Frau unten im See ist ein ganzes Stück älter, will das aber nicht wahrhaben!“

In der Abschlussklasse wendet sich der Lehrer an die Schüler und fragt: „Wer kann mir die systematische Position und äußere Merkmale der Compsognathidae kurz zusammenfassend beschreiben?“ Als sich niemand meldet, murmelt der Lehrer: „Oh nein, ich habe versagt, in einigen Monaten muss ich diese Schüler ins praktische Leben entlassen und ich konnte ihnen nicht mal das Wichtigste beibringen!“

Was ergibt eine Kreuzung aus einem Dinosaurier und einem Silvesterknaller? – Dinomit!

Kommt ein Junge mit einem Brachiosaurus zum Tierarzt und sagt:
„Er hat eine Murmel verschluckt!“
Sagt der Tierarzt: „Aber bei seiner Größe wird ihm das doch keine Probleme bereiten!“
Darauf der Junge: „Aber das war meine Murmel!“

Welcher Dinosaurier war der flexibelste unter allen? –
Der Tyrannosaurus flex!

Tante Erna macht mit ihrem Neffen Daniel einen Fernsehabend. Sie fragt den Jungen: „Willst du den Film sehen, in dem der gefräßige Tyrannosaurus seine wehrlosen Opfer verspeist?"
„Ach, danke nein", antwortet Daniel. „Möchtest du nicht lieber sehen, wie ein kleiner Junge eine wehrlose Portion Schokoladeneis verspeist?"

Michael besucht seinen Freund Jens. Jens spielt gerade mit einem Velociraptor Schach.
„Gut", sagt Michael zu seinem Freund, „Velociraptoren gelten als recht intelligent, aber das ist ja wohl der intelligenteste Dinosaurier, den ich je gesehen habe!"
Darauf Jens: „Der ist nicht intelligent, er vernachlässigt immer seinen Damenflügel und nach spätestens 30 Zügen habe ich ihn fast matt!"

Fragt der Museumsdirektor die neue Aufsicht: „Und wie lief es gestern?"
Sagt die neue Museumsaufsicht: „Ach, ganz gut, ich konnte bereits am ersten Arbeitstag ein gut erhaltenes Triceratopsskelett verkaufen!"

Ein Dimetrodon geht mit seinem Sohn spazieren. Der Kleine ist neugierig und will die Welt verstehen.
Er fragt seinen Vater: „Papa, warum ist der Himmel eigentlich blau?"
„Keine Ahnung, mein Sohn, wird schon seinen Grund haben!", antwortet der Vater.
Nach einer Weile fragt der Sohn: „Warum spucken die Berge dahinten eigentlich Feuer?"
„Keine Ahnung, mein Sohn, wird schon seinen Grund haben, schätze ich!"
Dann fragt er seinen Vater: „Warum scheint nachts eigentlich die Sonne nicht, wo ist die dann?"
„Keine Ahnung, mein Sohn, weiß ich auch nicht."
Eine Weile ist der Kleine ganz still. Dann fragt er: „Papa, nervt es dich eigentlich, wenn ich so viele Fragen stelle?"
„Nein, ganz und gar nicht, nur zu", antwortet der: „Wenn du nicht fragst, wirst du nie die Welt verstehen!"

Kommt ein Mann zur Polizei: „Mein Iguanodon ist entlaufen!"
„Haben Sie denn schon eine Anzeige aufgegeben?"
„Das ist es ja, es liest nur ganz selten die Zeitung!"

Was sieht aus wie ein Pliosaurus, ist aber keiner? –
Ein Bild von einem Pliosaurus!

Sandy sagt zu ihrer Lehrerin: „Ich bin von einer Horde Tyrannosaurier angefallen worden!“
„Das ist ja schrecklich“, sagt die Lehrerin, „haben sie dich gebissen?“
„Nein, sie haben nur meine Hausaufgaben aufgefressen!“

Zwei Scutellosaurier streunen im Sommer herum. Fragt der eine seinen Begleiter: „Weißt du eigentlich, wo diese lästigen Mücken im Winter sind?“ Antwortet der andere: „Keine Ahnung, aber ich wünschte, dort wären sie auch im Sommer!“

Warum sind die Dinosaurier nicht auf den Mond geflohen, als der Meteorit kam? –
Bei Halbmond war da auch kein Platz!

Findet ein Struthiomimus einen alten Spiegel im Müll, guckt hinein und denkt sich: „Nun, dieses Bild hätte ich auch weggeworfen!"

Der Bauingenieur ist nicht begeistert von seinem neuen Bauhelfer, einem Mamenchisaurus. Zwar hat er beim Dachdecken klare Vorteile und kann auch sehr kräftig zupacken, aber er ist unheimlich langsam bei der Arbeit.
Der Ingenieur fragt ihn: „Gibt es eigentlich auch irgendetwas, was bei dir schnell geht?"
Da antwortet der Mamenchisaurus: „Na ja, ich werde ziemlich schnell müde ..."

Kommt ein alter Protoceratops zum Optiker: „Ich brauche eine Brille!"
„Kurzsichtig oder weitsichtig?", fragt der Optiker.
„Durchsichtig wäre schön, mein Herr."

Welche Seite eines Archaeopteryx hat am meisten Federn? –
Die Außenseite!

Sitzen zwei kleine Iguanodons im Wartezimmer eines Psychiaters. Sagt das eine: „Du, der Doktor ist wirklich gut, er sucht die Schuld immer bei den Eltern!"

Kommt ein Protoceratops in den Blumenladen und sucht etwas zu essen. Er fragt die Floristin: „Ist diese Pflanze künstlich?"
„Natürlich", antwortet die.
„Natürlich?"
„Nein, künstlich."
„Ja, was denn nun: künstlich oder natürlich?"
„Natürlich künstlich!"

Ein Iguanodon fragt das andere: „Es soll hier Schlangen geben. Meinst du, die sind gefährlich? Und was sollte man tun, wenn man einer begegnet?"
„Hnm, vordrängeln könnte als unhöflich empfunden werden – also besser hinten anstellen!"

Kommt eine ältere Dame in die Zoohandlung
und sieht einen Archaeopteryx.
Da fragt sie ihn: „Na, du Vogel, kannst du auch sprechen?"
Fragt der Archaeopteryx zurück: „Na, du alte Krähe,
kannst du auch fliegen?"

Zwei Velociraptoren haben einen Stegosaurus gefangen und wollen ihn nach Hause schleppen. Aber das ist sehr mühselig. Da kommt ein weiterer Velociraptor und ruft: „Ihr zieht ja in entgegengesetzte Richtung der Rückenplatten! Andersherum geht es leichter!"
Gesagt, getan. Sagt der eine: „Also leichter geht es jetzt wirklich, aber wir entfernen uns immer mehr von zu Hause!"

Kommt ein Brachiosaurus morgens in aller Frühe zu einer Gruppe verschlafener Archaeopteryxe und ruft: „Jetzt aber raus aus den Federn!"

Woran erkennt man beim Diplodokus, auf welcher Seite der Kopf ist? – Man kitzelt ihn in der Mitte und beobachtet, von welcher Seite das Kichern kommt!

Gehen zwei Diplodoken um die Ecke. Beide weg.

Der Bauer erwischt einen kleinen Velociraptor im Hühnerstall:
„So, du Schlingel, wolltest dich wohl über meine Hühner hermachen?"
„Nein, auf keinen Fall, ich hab mich nur mal umgesehen!"
„Und das soll ich dir glauben?"
„Ja, wenn Sie könnten, wäre das sehr nett!"

Treffen sich zwei Ankylosaurier auf der Wiese.
Sagt der eine: „Mmh, das Gras schmeckt aber gut heute!"
Sagt der andere: „Klappe halten, wir können nicht sprechen!"

Steht ein Triceratops hinter dem Vulkan.
Kommt ein zweiter vorbei und fragt: „Was machst du denn hier?“
„Ich, ach, ich steh hier so rum und warte auf den Tyrannosaurus. Wenn der kommt, vermöbel ich ihn nach Strich und Faden!“
Sagt der andere: „Super Idee, da mach ich doch mit!“
Nach einer Weile kommt ein Velociraptor und fragt die beiden, was sie denn da so machen.
Die sagen: „Ach, wir gammeln hier rum und warten auf den Tyrannosaurus. Wenn der kommt, wollen wir ihm eins auf die Schnauze geben!“
„Klasse!“, sagt der Velociraptor. „Ich mach mit!“
Wenig später kommt der Tyrannosaurus rex und meint: „Na, ihr drei, was steht ihr denn hier so rum?“
Alle drei im Chor: „Ach, nix, rumhängen und Blödsinn reden!“

Welcher Dinosaurier bekommt rotbraunen Belag im Regen? – Der Stegosau – Rost!

Was ergibt eine Kreuzung zwischen einem Cetiosaurus und einem Wal? – Ein U-Boot mit Schnorchel!

Treffen sich zwei Stegosaurier am Ende der Kreidezeit. Der eine meint: „Wird bald richtig ungemütlich, das mit den Meteoriten wird immer schlimmer! Lass uns Leitern bauen und damit zum Mond flüchten! Wie viele werden wir brauchen?“
Antwortet der andere: „Eine reicht, sie muss nur lang genug sein!“

Ein Elasmosaurus bringt seinem Kind das Schwimmen bei.
Nach einer Weile fragt das Kleine: „Können wir nicht aufhören? War es nicht genug jetzt?“
„Warum?“, fragt das Elterntier. „Hast du keine Lust mehr?“
„Doch, aber wenn ich noch mehr Wasser schlucke, platze ich!“

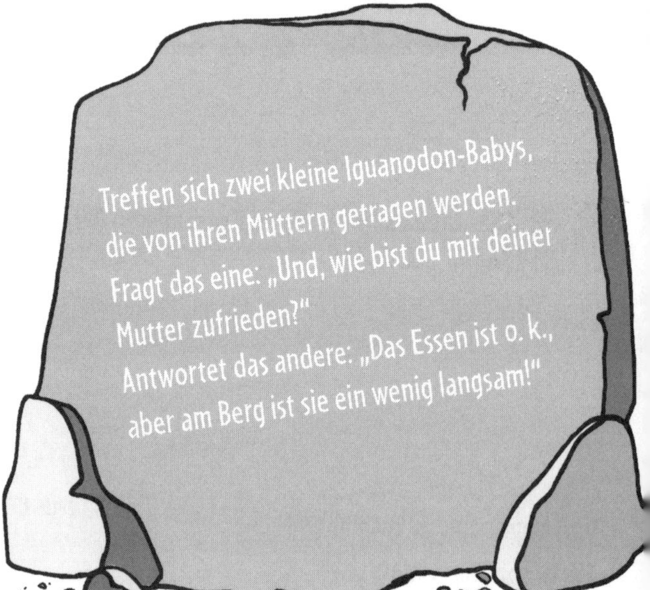

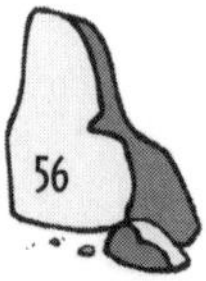

Treffen sich zwei Protoceratops.
Fragt der eine: „Warum schnippst du denn ständig mit den Fingern?“
Antwortet der andere: „Das hält den bösen Velociraptor fern!“
„So ein Quatsch, hier gibt es doch gar keine davon!“
„Siehst du jetzt, wie gut es funktioniert?“

Ein Brachiosaurus isst genüsslich seine Mahlzeit sagt zu einem anderen, der eben erst herbeigekommen ist: „Ich hätte noch ein schmackhaftes Gebüsch übrig, möchtest du es?“
Sagt der andere: „Gerne!“
Nach einer Weile fragt der erste: „Und schmeckt es dir?“
Antwort der zweite: „Klar, ist lecker!“
„Dann verstehe ich nicht, warum der andere Sauropode es vorhin einfach ausgespuckt hat!“

Ein Polizist hält einen Kleinwagen an, in dem zwei Stegosaurier sitzen.
Die Saurier drehen die Scheibe herunter und der Polizist sagt: „Das Auto ist völlig überlastet mit dem Gewicht, geben Sie mir mal Ihren Führerschein.“
Da sagt der Stegosaurus am Steuer: „Davon wird es aber auch nicht viel leichter!“

Was benutzten die Dinosaurier als Ventilatoren? –
Einen Dimetrodon mit Schüttelfrost!

Alle Brachiosaurier essen gemütlich Baumkronen. Plötzlich gibt es einen großen erschreckenden Knall. Da ruft es von hinten: „Wie oft habe ich dir schon gesagt, Gummibäume essen o. k., Blasen machen o. k., aber bitte nicht platzen lassen!“

Zwei Nachbarinnen unterhalten sich.
Die eine erzählt: „Die alte Witwe aus der Parallelstraße soll ihrem Lystrosaurus das ganze Vermögen vererbt haben!“
„Das habe ich auch gehört“, sagt die andere, „aber ihr Archaeopteryx soll das Testament angefochten haben!“

Ein kleiner Junge fragt einen Passanten: „Möchten Sie mal diesen Velociraptor streicheln?“
Der Passant entgegnet: „Aber gerne, einen schönen Saurier hast du da!“
Darauf sagt der Junge: „Das ist überhaupt nicht meiner. Ich wollte nur wissen, ob er beißt!“

Kommt ein Mann zum Tierarzt und fragt: „Verstehen Sie was von Pteranodons?“ Sagt der Arzt: „Nur, wenn Sie ganz langsam und deutlich sprechen!“

Wie nennt man einen Struthiomimus ohne Beine? – Egal, er wird einem sowieso nie über den Weg laufen! Und wie nennt man einen Tyrannosaurus ohne Beine? – Fast egal, der wird einem zwar wohl auch nicht über den Weg laufen, aber wenn, dann macht man besser keine Witze über seine Beine!

Was sagt der Tausendfüßler zum Suchomimus, als er von ihm zum Geburtstag neue Schuhe geschenkt kriegt? – „Tausend Dank!“

Warum sind Dinosaurer die einzig wahren Country-Musiker? – Weil sie wirklich wissen, wovon sie sprechen, wenn sie die guten alten Zeiten besingen!

Sagt die Iguanodon-Mama zu ihrem Sohn: „Zieh deinen Bruder nicht immer am Schwanz!" Darauf antwortet der Sohn: „Er zieht doch, ich halte nur fest!"

Kommt ein Velociraptor mit einer Ente in die Bäckerei. Die Ente bestellt ein Stück Erdbeerkuchen. Der Velociraptor sagt. „Ich hätte gerne ein Häubchen Sahne, so schmeckt mir die Ente besser!"

Zwei Ankylosaurier können nicht schlafen und unterhalten sich: „Glaubst du, es gibt Ankylosaurier auf den anderen Sternen?" „Klar, sonst wäre dort ja nachts nicht das Licht an!"

Fragt der Polizist den Scutellosaurus im Auto: „Hast du einen Führerschein?“
„Aber natürlich!“, sagt der Saurier. „Möchten Sie ihn sehen?“
„Nein, nicht nötig, nur wenn du keinen gehabt hättest, hätte ich ihn sehen müssen.“

Sagt das Frauchen zum Scutellosaurus: „Wie oft soll ich dir noch sagen, dass du die Keksdose in Ruhe lassen sollst?“
„Kein weiteres Mal nötig“, gibt er frech zur Antwort, „sie ist schon leer!“

Trifft ein Sauropode einen Ankylosaurier und sagt: „Ach, wie süß! Nimm mal den Deckel ab und lass dich streicheln!“

Ermahnt der Suchomimus-Vater seinen Kleinen: „Entweder du bist jetzt artig, oder du gehst heute ohne Abendessen schlafen!“
Da antwortet der Kleine: „Könnte interessant sein, was gibt es denn zum Abendessen?“

Sagt der kleine Ankylosaurus zu seiner Mutter: „Mami, diese Wiese schmeckt mir nicht!"
Sagt die Mutter: „Nun iss schon, sonst kommt der böse Tyrannosaurus!"
Darauf der Kleine: „Und du glaubst, dem schmeckt die, ja?"

Warum haben die Tyrannosaurier eigentlich so viele andere Dinosaurier gefressen? Hatten die immer so einen Hunger? – Nein, sie konnten die anderen einfach nicht ausstehen!

Sagt ein Panoplosaurus im Zoo zu seinem Tierpfleger: „Hör auf, bei der Arbeit zu pfeifen!"
Der Tierpfleger antwortet: „Ich arbeite doch gar nicht, ich pfeife nur!"

Ein Brachiosaurus tritt in einen Ameisenhaufen. Die kleinen Insekten greifen ihn sofort an, doch der schüttelt alle einfach ab. Nur eine verbleibt auf seinem Hals. Da rufen die anderen von unten: „Los, Bert, würg ihn!"

Was haben Wolken und eine Herde Tyrannosaurier gemeinsam? – Wir sind froh, wenn sie vorüberziehen!

Vor der U-Bahn steht ein Diplodokus auf den Schienen. Da sagt der Lokführer aus der Bahn:
„Hey, kannst du nicht mal von den Schienen runtergehen?"
Antwortet der Diplodokus lächelnd: „Ich schon, aber du nicht!"

Zwei Triceratops unterhalten sich.
„Also gestern habe ich dem Tyrannosaurus aber mal die Meinung gesagt!"
„Und, was hast du erreicht?", fragt der andere.
Antwortet der erste: „Mit Müh und Not noch gerade ein gutes Versteck!"

Laufen zwei Dinosaurier durch die Wüste.
Sagt der eine zum anderen: „Muss eine sehr kalte Eiszeit gewesen sein. Sie haben wirklich großflächig gestreut!"

Ein Brachiosaurus ist beim Arbeitsamt.
Sagt der Arbeitsvermittler: „Die Weinernte steht an, Sie könnten doch prima Trauben mit Ihren riesigen Füßen stampfen!"
Sagt der Brachiosaurus: „Ach nee, nicht schon wieder, ich musste letztes Jahr erst Kartoffelbrei produzieren!"

Warum pflanzten sich manche Saurier durch Eierlegen fort? –
Hätten sie sie einfach heruntergeworfen, wären sie kaputtgegangen!

Kommt ein kleines Mädchen in die Zoohandlung und sagt: „Ich möchte bitte ein Meerschweinchen."
Fragt der Verkäufer: „Möchtest du das kleine mit den Tupfen oder das niedliche gestreifte?"
Das Mädchen überlegt und sagt schließlich: „Ich glaube, das ist meinem Velociraptor ziemlich egal!"

Wer brachte den Dinosauriern ihre Babys? –
Der Storchiomimus!

Das kleine Iguanodon fragt im Zugabteil sein Herrchen: „Du, wie heißt die letzte Station noch mal, an der wir gehalten haben?"
Das Herrchen fühlt sich beim Lesen gestört und sagt: „Keine Ahnung, frag doch Frauchen. Wo ist sie eigentlich?"
Darauf antwortet das Iguanodon: „Die ist an der letzten Station ausgestiegen!"

Kommt ein Brachiosaurus in ein Musikgeschäft und sagt: „Ich möchte diese Trompete da und außerdem das Akkordeon dahinten!"
Sagt der Verkäufer: „Ich wusste doch, dass Sauropoden keine Ahnung von Musik haben. Wenn wir vielleicht den Feuerlöscher und die Heizung behalten könnten und Sie sich etwas anderes aussuchen würden ..."

Warum hatte der Triceratops ein kleines Nasenhorn? – Damit die Sonnenbrille hält!

Was ist ein Diplodokus im Gefängnis? – Ein Schwerverbrecher!

Fragt ein Scutellosaurus den anderen: „Ich habe gehört, du hast gar kein Herrchen?"
„Ja, das stimmt!"
„Und woher weißt du dann, was du zu tun und zu lassen hast?"

Treffen sich zwei Deinonychus.
Sagt der eine: „Grrrrrr!"
Antwortet der andere: „Miau!"
Verdutzt fragt der erste: „Was redest du denn da?"
„Ach", antwortet der, „ohne Fremdsprachen geht heutzutage wirklich nichts mehr!"

Ein Troodon und eine Spinne unterhalten sich, die Spinne ist gerade dabei, eine spannende Geschichte aus ihrem Leben zu erzählen.
Der Troodon fragt nach: „Echt, und was ist dann passiert?"
„Och, menno," sagt die Spinne, „jetzt habe ich den Faden verloren!"

Fragt Lehrer Klose seinen Schüler Ronny: „Zähl bitte zehn Dinosaurier in fünf Sekunden auf!“ Darauf antwortet Ronny: „Acht Iguanodons und zwei Stegosaurus, Herr Klose!“

Die Nachbarin erkundigt sich bei ihrem Haus-Velociraptor: „Na, wie war es beim Grillen bei der Familie Hoffmann? Warst du auch schön artig und hast dir nicht dauernd neue Würstchen geholt?“
„Ja, ich habe gleich zu Anfang den Grill an mich genommen und musste die anderen dann gar nicht mehr stören!“

Die Polizei hält ein Iguanodon in einem Sportwagen an. Der Polizist fragt: „Kann ich bitte mal Ihren Führerschein sehen?" „Sie sind mir vielleicht einer! Hören Sie, ich bin ein Iguanodon, I-G-U-A-N-O-D-O-N, ein längst ausgestorbenes echsenartiges Tier! Würden Sie etwa einem längst ausgestorbenen echsenartigen Tier einen Führerschein ausstellen?"

Steht ein Brachiosaurus vor einem Waldbrand und denkt: „Ach du meine Güte, mein Essen brennt!"

Wie kann man einen weiblichen von einem männlichen Stegosaurus unterscheiden? – Einfach eine Frage stellen: Wenn er antwortet, ist es ein Männchen, wenn sie antwortet, ist es ein Weibchen!

Ein Triceratops trifft auf einen Tyrannosaurus und denkt, seine Stunde hat nun geschlagen. Doch der Tyrannosaurus tut nichts. Der Unterlegene fängt voller Dankbarkeit an zu beten: „Oh Herr, danke, dass du mich verschonst."
Daraufhin faltet auch der Tyrannosaurus seine Hände, richtet seinen Blick in die Höhe und sagt: „Komm Herr Jesu, sei unser Gast, und segne diese Gaben, die du uns bescheret hast!"

Gehen zwei Triceratops in den Zoo.
Sagt der eine: „Nicht schlecht für den Anfang.
An der Kasse sieht man schon die erste Schlange!"

Gehen ein Velociraptor und ein Protoceratops ins Restaurant. Der Ober will die Bestellung aufnehmen und fragt den Velociraptor, was er bringen darf.
Da fällt ihm der Protoceratops ins Wort und erläutert: „Er nimmt nur ein Getränk. Hätte mein Begleiter nicht bereits gespeist, säßen wir kaum zusammen hier!"

Zwei Struthiosaurier schleppen sich erschöpft durch die Wüste.
Die Sonne brennt.
Der eine beklagt sich: „Puh, ist das heiß hier!"
Sagt der andere: „Hast recht, mach doch mal ein Fenster auf!"

Zwei Stegosaurier machen eine Wanderung. Nach einer Weile werden sie müde und möchten Rast machen.
Der eine meint: „Hier ist doch ein schöner Platz für ein kleines Picknick, oder nicht?"
„Na klar", sagt der andere, „Millionen von Ameisen können nicht irren!"

Sind zwei Iguanodons beim Angeln. Als Erstes fangen sie einen Schuh, dann ist ein Fahrrad an der Schnur und schließlich hängt ein altes Telefon am Haken.
Da sagt das eine: „Lass uns lieber woanders fischen, bevor wir dem da unten die ganze Bude leerräumen!"

Kommt ein Lystrosaurus vom Fußballspiel nach Hause.
Die anderen fragen: „Und, wie ist das Spiel gelaufen?"
Sagt der: „Prima, ich habe zwei Tore geschossen!"
„Und wie ist das Spiel ausgegangen?", will die Familie wissen.
„1:1!"

Warum hatte der Troodon eine scharfe Reißzehe? –
Um die Post zu öffnen!

Stehen zwei Brachiosaurier auf einem Felsplateau.
Sagt der eine: „Grrr!".
Der andere sagt: „Grrr, Grrr!"
Kommt ein Dritter und meint: „Grrr, Grrr, Grrr!"
Da meint der erste zu dem zweiten: „Komm, lass uns gehen, der quatscht zu viel!"

Sagt der Tierarzt zum Carnotaurus: „Nun seien Sie bitte mal einen Moment ruhig und halten den Mund!"
„Warum? Ich dachte, jetzt wäre endlich Sprechstunde!"

Welches Instrument spielt der Triceratops? – Das Tri-Horn!

Sagt der eine Sauropode zum anderen: „Ich weiß nicht, wo mir der Kopf steht, die Sorgen nagen an meinem Verstand!"
„Nicht schlimm," beruhigt ihn der andere, „dort werden sie schnell verhungert sein!"

Steht ein Mamenchisaurus vor dem Spiegel und fragt: „Spieglein, Spieglein an der Wand, wer ist der schönste Saurier im ganzen Land?“
Antwortet der Spiegel: „Geh mal einen Schritt zurück, ich kann nichts sehen!“

Sitzt ein Archaeopteryx auf einer Antenne.
Kommt ein Brachiosaurus vorbei, sieht ihn, schüttelt den Kopf und meint: „Der will jetzt also Karriere beim Fernsehen machen, oder was?“

Warum brauchen Iguanodons keine Glocke um den Hals? – Sie würden beim Fressen sowieso nicht einschlafen!

Zwei Tomaten queren den Weg. Kommt eine Herde Sauropoden vorbei und erwischt die eine.
Sagt die andere Tomate: „Los, Ketchup, weiter geht's!“

Zwei Scutellosaurier unterhalten sich.
Sagt der eine: „Mein Herrchen ist wie eine Tageszeitung!“
„Warum denn das? Weiß er immer das Neueste?“
„Nein, aber er erscheint täglich!“

Was wiegt 30 Tonnen und dreht sich auf den Zehenspitzen? – Ein Mitglied des Sauropodenballets!

Warum haben die Sauropoden eigentlich von den Bäumen gefressen? – Du würdest auch nicht vom Boden essen, wenn du dich runterbücken müsstest!

Sagt das kleine Brachiosaurus-Kind zur Mama: „So, jetzt habe ich den Strauch achtzehnmal gekaut, so wie du es mir gesagt hast."
„Sehr gut, mein Junge!", sagt die Mutter.
„Mama?"
„Ja?"
„Was soll ich jetzt damit machen?"

Warum können Cetiosaurier nicht Fahrrad fahren? –
Weil sie keinen Daumen zum Klingeln haben!

Ein Haus-Ankylosaurus findet einen 100-Euro-Schein auf der Straße. Brav, wie er ist, will er ihn zu seinem Frauchen bringen.
Herrchen ermahnt ihn aber: „Den hättest du zum Fundbüro bringen müssen!"
Da antwortet der Dino: „Ich dachte, er würde ihr gehören, denn du sagst immer, sie werfe das Geld zum Fenster raus!"

Der neue Velociraptor möchte nicht einschlafen.
Fragt das Frauchen ihren Mann: „Meinst du, ich sollte ihm noch was vorsingen?
„Nein, versuch es doch lieber erst mal im Guten!“

Der Ober weiß nicht, was er dem Triceratops bringen soll und fragt: „Essen Sie gerne Wild?“
Der antwortet: „Nein, nur Grünzeug, und das auch lieber in aller Ruhe und unauffällig!“

Fragt der Shonisaurus den Protoceratops am Ufer:
„Werden hier eigentlich auch Wracks angeschwemmt?“
„Für gewöhnlich nicht“, antwortet der Landbewohner, „du bist wohl das erste!“

Sieht ein Tyrannosaurus einen Artgenossen mit einem Triceratopsskelett durch die Gegend ziehen und fragt: „Was schleppst du denn da mit dir herum?“
„Ach das“, antwortet er, „ist nur Leergut!“

Eine Brachiosaurus-Mama erklärt ihrem Nachwuchs die Natur: „Dieser Strauch ist giftig, aber eng verwandt mit unserer Lieblingsspeise!"
Die Kleinste fragt nach: „Mütterlicher- oder väterlicherseits?"

Sagt ein Tyrannosaurus zu seinem Freund:
„Alle sind gemein zu mir und nennen mich einen Triceratops!
Muss ich mir das gefallen lassen?
Antwortet der Freund: „Auf keinen Fall, wehr dich und zeig ihnen deine Hörner!"

Sagt ein Brachiosaurus zum anderen: „Also, dieser Apatosaurus von vorhin war echt ein netter Zeitgenosse, über den kann man nichts Schlechtes sagen."
„O. k.", meint der andere, „dann lass uns mal über jemand anderen reden!"

Was bekommt man, wenn man einen Tyrannosaurier mit einem Specht kreuzt? –
Einen Saurier, der anklopft, bevor er dich frisst!

Die Dinosaurier sind nicht mit auf die Arche Noah gegangen.
Sie haben in dem Moment aufgegeben, als in der Schlange vor ihnen die Tausendfüßler gerade dabei waren, ihre Schuhe auszuziehen!

Woran kann man männliche und weibliche Protoceratops unterscheiden? – Die Männchen gehen zum Wasser, trinken und gehen weg. Die Weibchen gehen zum Wasser, trinken und betrachten sich noch mit unzufriedenem Blick lange in der spiegelnden Wasseroberfläche.

Sagen die Elasmosaurier zu den Protoceratops am Ufer: „Kommt, wir spielen Ententeich! Wir sind die Enten und ihr die Spaziergänger an einem Sonntag, die die Enten immer füttern!“

Fragt der Sauropode den Velociraptor: „Ich möchte mal wissen, wie lange so ein Saurier ohne Hirn überleben kann!“
Fragt der Velociraptor nach: „Nun, wie alt ist denn zum Beispiel dein Opa?“

Ein Velociraptor und ein Ankylosaurus sind an einem Fluss. Der Velociraptor macht einen großen Satz und landet sicher im frischen Gras am anderen Ufer.
Der Ankylosaurus sagt: „Hilfe, das schaffe ich nie in einem Sprung!“
Da ruft der Velociraptor von drüben: „Dann mach eben zwei Sprünge!“

Sagt der eine Brachiosaurus zum anderen: „Sag mal, wie alt ist eigentlich dein Großvater?“
„Keine Ahnung, aber ich kenne ihn schon ziemlich lange!“

Ein junges Iguanodon findet einen Blaubeerstrauch.
Seine Mutter sagt: „Die können wir essen, das sind Blaubeeren, mein Junge!"
Darauf der Sohn: „Aber die sind doch rot!"
Die Mutter entgegnet: „Aber nur, weil sie noch grün sind!"

Eine Gruppe Pteranodons fliegt in Formation.
Fragt der hinterste seinen Vordermann: „Warum fliegen wir eigentlich dem Typen an der Spitze hinterher?"
„Weil er die Landkarte hat!"

Ruft eine Frau beim Tierarzt an und sagt: „Mein Mann kommt gleich mit unserem Archaeopteryx vorbei. Bitte geben Sie ihm eine Spritze, dass er friedlich einschläft!"
„Ja, gut", sagt der Tierarzt, „und Ihr Archaeopteryx findet dann allein wieder nach Hause?"

„Papi, warum hat dieser Triceratops seine Hörner an den Innenseiten der Beine?"
„Weil dieser Triceratops nun mal ein Iguanodon ist, mein Junge!"

Schwimmen zwei Elasmosaurus im kalten Wasser.
Sagt der eine: „Meine Güte, das ist wieder verteufelt kalt!"
Der andere antwortet: „Stimmt, kaum auszuhalten, morgen ziehe ich auf jeden Fall wieder meine Badehose an!"

Ein Iguanodon ist genervt von den vielen Stechmücken.
Eines Nachts sieht es ein Glühwürmchen und denkt sich: „Jetzt kommen sie schon nachts mit eigenen Taschenlampen!"

Fragt ein Triceratops einen Ampelosaurus: „Sag mal, hast du eigentlich einen Stammbaum?“ Sein großes Gegenüber antwortet: „Nein, ich bin nicht sehr wählerisch und esse, was so in den Weg kommt!“

Die moderne Welt ist für Sauropoden nicht leicht zu verstehen: Zwei Brachiosaurier sehen im Supermarkt Eierbecher, da sagt der eine zu seinem Begleiter: „Was wollen die mit so kleinen Kinderbetten?“

Fragt der kleine Stegosaurus seine Mutter:
„Du, Mutti, was ist eigentlich ein Mensch?“
Die Mutter antwortet: „Das ist ein seltsames Lebewesen, dem eine Menge Rückenplatten und zwei Beine fehlen!“

Wie kommt ein Scutellosaurus wieder von einem Baum herunter?
– Er stellt sich auf ein Blatt und wartet auf den Herbst!

Was bedeutet es, wenn ein Diplodokus einen Knoten im Schwanz hat? – Er wollte nicht durchs Nadelöhr rutschen!

Unterhalten sich zwei Schüler. Der eine meint: „Ich habe gehört, dass die fleischfressenden Dinosaurier vermutlich länger lebten als die pflanzenfressenden."
„Warum nur?", will der andere wissen.
„Na, vielleicht wollten die nicht ins Gras beißen!"

Der Zahnarzt weigert sich entschieden, den Cetiosaurus zu behandeln: „Nein, das mache ich nicht, ich bin nicht schwindelfrei!"

Zwei Brachiosaurier wechseln ein paar Worte in der Morgensonne. Der eine fragt: „Sag mal, hast du nichts von diesem Gewitter heute Nacht mitbekommen?“
„Doch, natürlich!“, antwortet der andere.
„Und warum hast du mich nicht geweckt? Du weißt doch, dass ich bei Gewitter nicht schlafen kann!“

Was sagte der Ampelosaurus, als er den Triceratops traf? – Nun, eigentlich gar nichts, denn er kann nicht sprechen!

Kommt ein Mann zum Tierarzt und sagt: „Unser Scutellosaurus hat meinen Füllfederhalter verschluckt!“
„Kein Problem, ich kann Ihnen einen Kugelschreiber geben!“

Die Fußballmannschaft des FC Tyrannosaurus ist wirklich viel fairer geworden – sie besucht jetzt ihre Gegner nach dem Spiel im Krankenhaus!

Sehen zwei Triceratops ein kleines Iguanodon,
das verzweifelt nach seiner Mutter ruft.
Sagt der eine: „Armes Kerlchen, weiß noch nicht,
dass seine Art ausgestorben ist!"

Fragt der Zahnarzt den Suchomimus am Ende der Behandlung:
„Soll ich die Zähne noch abschleifen und polieren?"
„Nein, nur anspitzen bitte!"

Eine Gruppe von Amurosaurus-Weibchen sitzt im Wald.
Plötzlich kommt ein riesiger Tyrannosaurus wie aus dem Nichts,
greift sich eines der Weibchen und verschwindet damit im
Unterholz.
Nach einer Weile sagt eines der übrigen: „Ich frage mich wirklich,
was er an der findet!"

Wie groß ist ein Argentinosaurus? –
Was für ein Argentinosaurus? –
Ein großer Argentinosaurus! –
Ein wie großer Argentinosaurus?

Zwei Iguanodons unterhalten sich. Das eine möchte verreisen. Fragt das andere: „Und, weißt du schon, wo du übernachten wirst?" „Nein, noch nicht. Ich entscheide spontan und habe mir dafür einen guten Museumsführer gekauft!"

Stehen zwei Mamenchisaurier auf dem Segelflugplatz. Sagt der eine: „Vorsicht, Kopf einziehen! Hier sind wieder diese lästigen Moskitos in der Luft!"

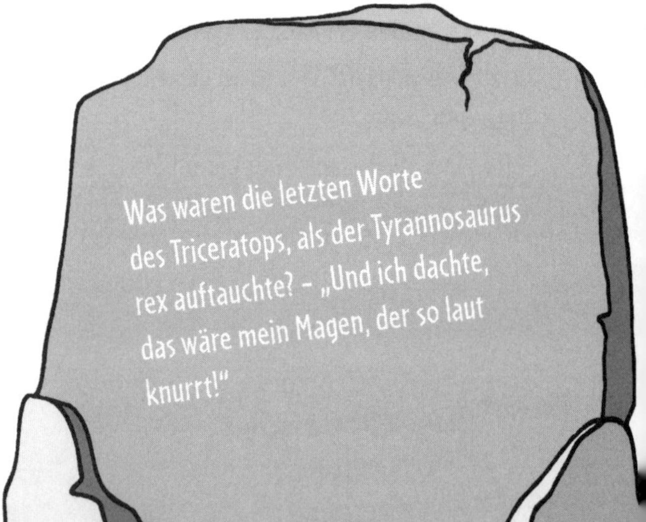

Das Ehepaar sitzt zu Tisch.
Sie: „Mein süßer Liebling, mein kleines Schatzilein ...“

Er: „Ja, was ist denn, Liebes?“
Sie: „Sei still, ich rede mit unserem Scutellosaurus!“

Warum sind die Argentinosaurier ausgestorben? –
Also, Noah hatte reichlich Platz auf seiner Arche, aber so viel nun auch wieder nicht!

Fragt der eine Triceratops seinen älteren Bruder: „Was mache ich am besten, wenn ein Tyrannosaurus aufkreuzt?“
„Dann legst du dich auf den Boden und verhältst dich ganz ruhig.“
„Warum denkst du, dass es angenehmer wäre, im Liegen gefressen zu werden?“

Ein Diplodokus sagt zu einem Allosaurus:
„Mist, mich hat ein Tiger gestochen!“
Der Allosaurus berichtigt ihn: „Das war eine Wespe!“
„Ja, o. k., eben irgendwas Lästiges, Kleines, gelb-schwarz Gestreiftes!“

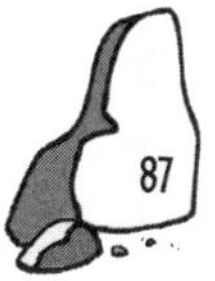

Ein Brachiosaurus tritt aus Versehen auf einen Hund.
Er geht zum nächsten Haus, klingelt und fragt: „Entschuldigung, ist das Ihr Hund?“
„Nein, unser Hund ist nicht so flach!“

Zwei Triceratops kommen an einem Tyrannosaurus vorbei.
Der eine bleibt stehen und sagt leise: „Oh mein Gott, das ist er!“ und stellt eine Blume vor dem T-Rex ab.
Nach ein paar Metern fragt der andere Triceratops: „Was war denn das eben?“
„Ich habe ihn wiedererkannt, er war sozusagen das Grab meiner Großmutter!“

Zwei Ceratosaurier sehen einen riesigen Brachiosaurus auf sich zukommen.
Der eine will seinen sichtlich verängstigten Artgenossen beruhigen: „Keine Angst, das ist ein harmloser Pflanzenfresser!“
„Schön und gut“, wimmert der andere, „ich behaupte auch nicht, dass er mich mit Absicht zerquetschen will!“

Warum hatten die Sauropoden manchmal bis zu 18 Stunden am Tag damit zu tun, ihre Nahrung zu suchen? – Weil sie keine Gewerkschaften gegründet haben, die sich für die Begrenzung der Arbeitszeit einsetzten!

Warum gibt es Nachfahren der Dinosaurier, die bis heute überlebt haben? – Hätten die Dinosaurier selbst die Gelegenheit gehabt, hätten sie keine Nachfahren dafür gebraucht!

Ein Igunaodon sitzt im Kino und knackt Nüsse.
Der Nachbar, ein Triceratops, beschwert sich:
„Können Sie nicht leiser sein?“
Sagt das Iguanodon: „Was wollen Sie denn?
Und überhaupt, dürfen Triceratops eigentlich ins Kino?“

Die Tatsache, dass ein Wolfshund einen Wolf und einen Hund als Eltern hat, bedeutet noch lange nicht, dass der Tyrannosaurus das Kind eines Tyrannen und einer Sau sein muss!

Wie nennt man einen Triceratops an der Schreibmaschine? – Triceratippse!

Zwei Stegosaurier fahren mit dem Fahrrad.
Sagt der eine: „Warte mal, ich glaube, mir ist eine Ente ins Auge geflogen!“

Der Ankylosaurus kommt von einer Erkundungstour wieder.
Da fragen ihn die anderen: „Und, was hast du gesehen?"
Antwortet der Ankylosaurus: „Ich habe eine Gruppe Tyrannosaurier gesehen!"
„Und wie viele waren es?"
„Acht, aber jeder hatte noch eine Mutter!"
„Dann waren es also sechszehn?", fragen sie erschreckt zurück.
„Nein, neun!"

Fragt der Lehrer: „Jan, kannst du mir einen Dinosaurier der Kreidezeit nennen?"
Jan: „Gerne, welchen hätten Sie denn gerne?"

Warum muss man Tyrannosauriern keine Namen geben? –
Weil sie sowieso nicht kommen würden, wenn man sie ruft!

Zwei Triceratops spazieren durch die Gegend.
Der eine hat eine Telefonzelle dabei und der andere einen großen Hinkelstein.
Fragt der mit dem Stein den anderen: „Warum hast du eigentlich die Telefonzelle dabei, ist doch irgendwie unpraktisch, oder?“
„Nein, ganz und gar nicht“, antwortet er. „Wenn der Tyrannosaurus rex kommt, dann kann ich die Zelle aufstellen und mich darin verstecken!“
„Nicht schlecht, der Plan“, sagt der erste. „Fast besser als die Idee mit meinem Stein. Wenn der Tyrannosaurus rex kommt, werfe ich den nämlich einfach fort und bin gleich viel schneller unterwegs!“

Die Fahrgäste erschrecken, als der Zug plötzlich stark erschüttert wird und schließlich unsanft zum Halten kommt. Der Schaffner entschuldigt sich: „Es tut mir leid, wir haben eben einen Protoceratops überfahren!"
Fragt eine Frau im Abteil den Schaffner: „Ach so, der stand also auf den Schienen?"
„Nein, aber unser neuer Lokführer ist ein stattlicher Velociraptor und er hat den Protoceratops auf einer Wiese verfolgt!"

Naiv ist der gemeine Sauropode wirklich nicht – niemand kann ihn um den kleinen Finger wickeln!

Sagt das Herrchen zum Einbrecher: „Endlich sind Sie gekommen! Mein Velociraptor weckt mich schon seit Jahren jede Nacht, weil er denkt, Sie wären da!"

Fragt der Brachiosaurus den Apatosaurus: „Hey, du bist doch auch ein Pflanzenfresser. Warum hast du denn eben diesen Compsognathus gefressen?“
„Weil der mir schon den ganzen Tag lästig vor den Füßen rumsprang! Und, nein, er hat nicht gut geschmeckt!“

Warum hatte der Mamenchisaurus so einen langen Hals? –
Wegen der schönen Aussicht!

Fragt ein Triceratops einen kleinen, jungen Tyrannosaurus rex:
„Na, wie geht's?“
„Gut, danke!“
„Ist dein Vater auch da?“
„Nein, gerade nicht.“
„Und deine Mutter?“
„Nee, auch nicht, die kommt später.“
„Hast du Geschwister?“
„Nö.“
„Na prima, dann geb ich dir jetzt Saures!“

Treffen sich zwei Stegosaurier.
Sagt der eine :„Grunz!"
Sagt der andere: „Stimmt, wollt ich auch gerade sagen!"

Was glänzt in der Sonne und fliegt durch die Luft? -
Ein Archaeopteryx mit Goldzahn!

Sitzen zwei Protoceratops in der Wüste.
Sagt der eine: „Rutsch mal ein Stück,
ich will auch im warmen Sand sitzen!"

Ein Velociraptor beobachtet einen Tyrannosaurus rex, wie er die abgenagten Knochen seiner letzten Speise in alle Himmelsrichtungen kräftig verstreut.
Da fragt er ihn: „Sag mal, Tyrannosaurus, was machst du denn da?"
„Ach, ich will es den Wissenschaftlern später auch nicht zu leicht machen!"

Ein Compsognathus verliebt sich Hals über Kopf in eine Brachiosaurus-Dame.
Die Eltern des Compsognathus sind davon gar nicht begeistert und sagen: „Junge, stell dir nur mal vor, wie teuer ein so riesiger Ehering wird!"

Beim Anblick eines Archaeopteryx denkt sich ein kleiner Compsognathus:
„Wenn ich groß bin, möchte ich auch Pilot werden!"

Wie lange lebte der Triceratops? –
Solange er schneller lief als der Tyrannosaurus!

Sagt ein kleiner Stegosaurus zu seiner Mutter:
„Oh nein, Papa ist von einer Klippe gefallen!"
„Hoch?", fragt die Mutter erschreckt.
„Nein, runter!"

Sagt die Ankylosaurus-Mutter zu ihrem Kleinen:
„Du musst die Orange erst schälen, bevor du sie essen kannst!"
„Aber warum, ich weiß doch schon, was drin ist!"

Im Kino ärgert sich eine Maus, weil ein Brachiosaurus vor ihr sitzt und sie nichts sehen kann. Nach ein paar Minuten reicht es ihr, sie steht auf und setzt sich genau vor den Brachiosaurus, dreht sich um und sagt: „Jetzt merken Sie mal, wie das ist, wenn sich jemand vor einem breitmacht!"

Wie viele Beine hatte ein durchschnittlicher Stegosaurus? – Zwei vorne, zwei hinten, zwei links und zwei rechts!

Unterhalten sich zwei Argentinosaurier. Sagt der eine: „Ach, das kleine Gehirn stört mich nicht weiter, aber Sorgen macht mir mein Übergewicht!“

Warum hat der Diplodokus ganz langsam geschrieben? – Weil er nicht so schnell lesen konnte!

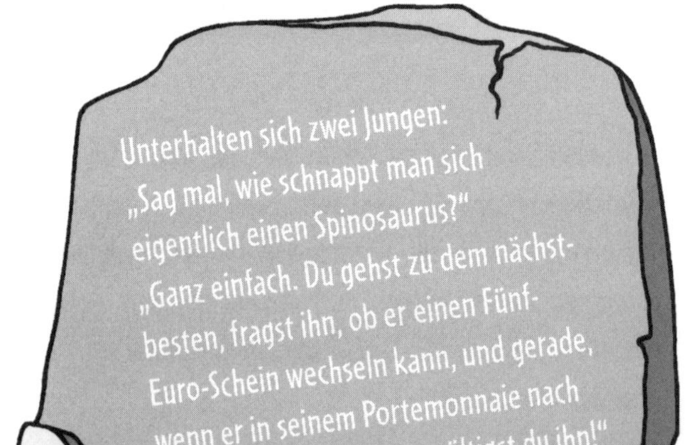

Der Brachiosaurus von Bauer Lippe ist krank.
Da fragt er seinen Nachbarn: „Dein Sauropode war doch neulich auch krank. Was hast du ihm denn gegeben?“
„Ach, ich habe ihm einen Brei aus saurer Milch und Brennnesseln gegeben.“
Das tut auch der Bauer Lippe und nach wenigen Tagen ist sein Brachiosaurus tot.
Daraufhin fragt er bei seinem Nachbarn noch einmal nach:
„Wie hat denn die Mischung aus Milch und Brennnesseln bei deinem Sauropoden gewirkt?“
„Ach“, sagt der, „gestorben ist er halt.“

Worin unterscheidet sich das europäische vom amerikanischen Iguanodon? – Im Akzent natürlich!

Der Vermieter des Fremdenzimmers erkundigt sich bei seinem Gast, dem Brachiosaurus, ob er gut geschlafen hat.
Der Brachiosaurus streckt sich und sagt: „Es geht so, vielleicht hätte ich doch lieber ein Doppelbett nehmen sollen ...“

Wie gehen Ampelosaurier ins Bett? –
Sie stecken erst ihren Kopf rein und sehen, ob für den Rest noch Platz sein könnte!

Kommt der Velociraptor von der Jagd nach Hause.
Die anderen fragen ihn: „Und, worauf hast du Jagd gemacht?"
Er antwortet: „Heute auf Tyrannosaurier!"
„Und, hast du viele erlegt?"
„Nein, keinen. Aber keinen ist für Tyrannosaurier schon sehr viel!"

Ein Compsognathus sieht auf dem Weg einen erschöpften Brachiosaurus und bietet ihm freundlich an: „Komm, ich nehm dich ein Stückchen mit. Aber du darfst die Beine nicht schleifen lassen!"

Was bekommt man, wenn man einen Brachiosaurus und ein Känguru kreuzt? –
Ganz tiefe Löcher in Australien!

Warum sind viele Sauropoden so groß und schwer geworden? – Damit man sie nicht so einfach klauen kann!

Ein Ankylosaurus ist in der Gemüseabteilung und möchte sich einen Snack kaufen.
Er fragt den Verkäufer: „Ist der Salat hier mit Pestiziden behandelt?"
Der antwortet: „Nein, noch nicht, das müssten Sie dann noch selbst erledigen!"

Ein Argentinosaurus verirrt sich in ein Brillengeschäft.
Er bekommt vom Optiker sofort eine ungewöhnlich starke Brille.
Da fragt der Saurier verdutzt: „Kriegt die hier jeder Kunde, der reinkommt?“
„Nein“, sagt der Optiker, „aber jeder, der nicht durch die Tür, sondern durch das Schaufenster kommt!“

In der Wüste trifft ein Troodon einen Artgenossen mit einer Autotür unter dem Arm.
Er fragt ihn: „Hey, was machst du denn hier mit der Tür?“
„Ach, weißt du, bei der Hitze hier ist es wirklich angenehm, wenn man ab und zu mal das Fenster runterkurbeln kann!“

Ein Allosaurus trifft zwei Brachiosaurier und bemerkt: „Meine Güte, ihr seht euch aber wirklich verdammt ähnlich!“
„Nun“, meint einer der Sauropoden, „wir sind entfernte Verwandte, nämlich Brüder!“
„Brüder?“, fragt der Allosaurus erstaunt. „Das nennt ihr entfernte Verwandtschaft?“
„Ja, denn er ist der Erstgeborene und ich das vierzehnte Kind!“

Warum flogen die Pteranodons niemals schneller als Schallgeschwindigkeit? – Weil sie sich während des Fluges noch unterhalten wollten!

Zwei Brachiosaurier kommen in eine ihnen unbekannte Gegend und der eine bemerkt: „Hier wimmelt es ja geradezu vor Stegosauriern. Wo kommen die bloß alle her?"
„Aus Eiern, vermute ich!"

Ein Archaeopteryx kommt zu einem Brachiosaurus und fragt: „Kannst du mich ein Stückchen mitnehmen?"
„Klar, steig auf meinen Rücken!"
Nach einer Weile fragt der Archaeopteryx, ob sein Träger ihm was zu essen reichen könne, und bekommt, was er will. Wenig später verlangt der Mitreisende nach einer Zeitung. Da wird der Brachiosaurus stutzig und fragt: „Kannst du denn nichts allein? Es muss ja wirklich schlimm um dich stehen!"
„Nein, schlimm steht es ganz und gar nicht um mich!"
„Was aber hast du dann?"
„Ich habe Urlaub!"

„Können Sie mir sagen, wie ich am schnellsten ins Museum zur Theropodenausstellung komme?“
„Ach, da müssen Sie sich nicht so beeilen, die bewegen sich eh nicht mehr vom Fleck!“

Ein Iguanodon trifft mitten in der Wüste einen Artgenossen mit einem Stück Sandpapier in der Hand.
Da fragt er: „Was willst du denn mit dem Sandpapier hier?“
„Denkst du etwa, ich gehe ohne Landkarte durch diese verlassene Gegend?“

Eine Nähnadel macht ein Wettschwimmen mit einem Tylosaurus. Der Tylosaurus gewinnt.
Sagt die Nähnadel: „O. k., hast gewonnen, aber nur, weil ich Wasser im Öhr hatte!"

Ein kleines Iguanodon fragt sein Herrchen: „Sind wir schon nah genug dran an Weihnachten, dass ich anfangen muss?"
„Nein, bis Weihnachten ist es noch eine Weile, aber womit willst du bitte schön anfangen?"
„Na, ein braves kleines Iguanodon zu sein!"

Fragt ein Diplodokus den nächsten: „Wie findest du meinen neuen Strohhut? Ist total praktisch im Sommer!"
„Kommt dir dieses Zeugs jetzt schon aus dem Kopf herausgequollen?"

Sagt der Richter zum kleptomanischen Stegosaurus: „Sie sind schon wieder rückfällig geworden. Warum haben Sie nun ausgerechnet einen alten Bleistift gestohlen?"
„Ach, Herr Richter, ich wollte nicht schon wieder klauen. Ich wollte einen Schlussstrich unter meine kriminelle Vergangenheit ziehen!"

Die Mutter des kleinen Iguanodons ermahnt ihren Sprössling: „Geh nicht so lange in die Sonne, sonst bekommst du noch einen Sonnenstich!"
„Aber, Mutter, die Sonne ist doch viel zu weit weg und außerdem: Womit sollte sie mich schon stechen wollen?"

Ein Brachiosaurus fragt den Allosaurus: „Ich möchte abnehmen! Hast du da einen Tipp für mich?"
„Klar, du musst einfach nur mit dem Kopf schütteln."
„Aha", sagt der Brachiosaurus erstaunt, „und das soll helfen?"
„Sicher. Und zwar immer dann mit dem Kopf schütteln, wenn dir jemand was zu fressen anbietet!"

Der Fußballtrainer ist wenig begeistert von dem Iguanodon als Neuzugang in der Mannschaft: „Warum hast du nur wieder ein Eigentor geschossen?"
„Es tut mir leid, Trainer", sagt das Iguanodon, „aber die beiden Tore sehen eben so verdammt ähnlich aus!"

Im Zoo ruft der Tyrannosaurus den Tierpfleger: „Hallo, könnten Sie bitte den Schlüsseldienst für mich anrufen, ich habe hier leider kein Telefon!“
„Den Schlüsseldienst?“, fragt der Pfleger verwundert, „wozu brauchst du den denn?“
„Na, Sie sehen doch, was hier los ist, ich bin eingeschlossen!“

Welches Spiel spielten die Argentinosaurier am liebsten? – Mikado, wer sich zuerst bewegt, verliert!

„Herrchen hat mir ausgeschimpft, weil ich die Kekse gefressen habe“, quengelt der kleine Scutellosaurus.
„Mich“, verbessert ihn das Frauchen.
„Was, dir auch?“

Zwei Stegosaurier gehen im Moor spazieren. Plötzlich sinkt einer im weichen Untergrund ein. Der andere beeilt sich, Hilfe zu holen.
Als er einen Artgenossen trifft, sagt er aufgeregt, was passiert ist.
Der andere Stegosaurus fragt: „Wie tief ist er denn eingesunken?“
„Bis zu den Knöcheln!“
„Na, dann wird es schon nicht so schlimm sein!“
„Doch, verkehrt herum, es schauen nur noch die Füße aus dem Boden!“

Zwei Diplodoken schauen bei Nacht in den Himmel und beobachten den Mond.
Fragt der eine: „Was meinst du, wie schwer das Ding ist?“
„Das ist schwer zu sagen, denn mal nimmt er ja zu und mal nimmt er ab!“

Fragt ein Protoceratops den anderen: „Wenn ich jetzt immer weiter geradeaus gehe, ist dann da der große Vulkan?"
„Der große Vulkan ist auch da, wenn du nicht geradeaus gehst!"

Sagt der eine Brachiosaurier zum anderen:
„Trotz des kleinen Gehirns habe ich ein sehr gutes Gedächtnis.
Ich kann mir alles merken bis auf drei Dinge:
Gesichter, Namen und das Dritte habe ich gerade vergessen."

Der Ankylosaurus steht im Supermarkt in der Gemüseabteilung und fragt: „Der Spinat sieht wirklich schmackhaft aus.
Ist das deutscher oder niederländischer Spinat?"
„Warum wollen Sie das wissen?", fragt der Verkäufer.
„Wollen Sie es fressen oder sich mit ihm unterhalten?"

Der Kunstlehrer stellt die Aufgabe:
„Malt einen pflanzenfressenden Dinosaurier."
Die kleine Evelyn gibt ein Bild von einem Tyrannosaurus rex ab.
Der Lehrer wendet natürlich ein, dass dies kein Pflanzenfresser ist.
Doch Evelyn sagt: „Aber, Herr Lehrer, in dem Bauch vom Tyrannosaurus ist doch ein Triceratops drin!"

„Welche Schritte würden Sie unternehmen, wenn ein Allosaurus auf Sie zukäme?"
„Auf jeden Fall schnelle und große Schritte!"

Der eingesperrte Juravenator ruft den Notruf 110 an:
„Hallo, entschuldigen Sie bitte, bin ich richtig verbunden mit dem Anschluss einhundertzehn?
„Nein, wir haben die eins eins null!“
„Oh, dann entschuldigen Sie bitte, dass ich Sie gestört habe!“
„Kein Problem, ich musste sowieso aufstehen, weil das Telefon geklingelt hat!“

Ein Triceratops berichtet seinem Begleiter: „Ich habe gehört, in fünf Billionen Jahren soll die Erde vereist und unbewohnbar sein!“
„Was? Wann?“
„In fünf Billionen Jahren!“
„Gott sei Dank. Ich habe fünf Millionen verstanden ...“

Ein Diplodokus beschwert sich bei den anderen: „Total langweilig! Jeden Abend sitzen wir hier und gucken in die Dunkelheit. Es gibt überhaupt keine Abwechslung!“
Sagt ein anderer: „Kein Problem, wir können gerne mal die Plätze tauschen!“

Ein Juravenator startet einen Versöhnungsversuch nach einem Streit mit seinem Freund: „Ich habe noch einmal über unseren Streit von gestern nachgedacht. Eigentlich war das alles ein großer Quatsch und vollkommen nebensächlich – vor allem das, was du gesagt hast!"

Ein junger Tyrannosaurus nörgelt an seinem Fressen rum: „Schmeckt furchtbar und außerdem ist der Ankylosaurus total hart!"
Seine Mutter ruft ihm zu: „Du musst die Schale abmachen, dann ist er weicher!"

Im Restaurant sagt das geizige Familienoberhaupt nach dem Essen zum Kellner: „Würden Sie den Rest bitte für unseren Velociraptor einpacken?"
„Toll", ruft eines der Kinder, „Papi kauft uns einen Velociraptor!"

„Zum Geburtstag wünscht sich Frauchen ein ganz braves Iguanodon!"
„Toll", sagt das freche Iguanodon, „darf ich dann mit ihm spielen?"

Sagt ein Ankylosaurus zu seinem Kind: „Geh mal was zu fressen holen, du hast die jüngeren Beine!"
„Meinst du nicht", entgegnet das Kleine, „wir sollten erst mal deine alten Beine aufbrauchen?"

Fragt ein Protoceratops den anderen:
„Warum ist im Ozean eigentlich so unerhört viel Wasser drin?"
„Ich denke, weil die Tylosaurier beim schwimmen sonst zu viel Staub aufwirbeln würden."

Fragt der Augenarzt das Iguanodon: „Schielen Sie schon länger?"
„Erst seit unsere Zwillinge laufen können!"

„Ihr Haustier, der kleiner Scutellosaurus, ist total frech und ungezogen, Herr Nachbar!"
„Ja, aber was sollen wir machen, er ist der Einzige, der den Videorekorder programmieren kann!"

Sagt ein Lystrosaurus zu seinem Herrchen: „Weißt du noch, als du mich mal nach meiner Lieblingsspeise gefragt hast?"
„Ja, ich erinnere mich! Warum fragst du?"
„Weil das vor sechs Jahren war und ich gern mal wieder was anderes fressen würde!"

Ein Compsognathus und ein Brachiosaurus wollen schwimmen gehen, doch das Wasser ist ziemlich kalt. Der Compsognathus macht seinem Begleiter den Vorschlag: „Du hast eine viel dickere Haut, geh du zuerst rein und sag mir, wie kalt es tatsächlich ist!"
„O. k.", sagt der Brachiosaurus, „aber wehe, du schubst mich!"

Was ist der Unterschied zwischen einem Triceratops und einem Kaktus?
– Setz dich drauf, dann weißt du's!

Sitzen zwei Archaeopteryx auf einem Baum. Plötzlich kommt ein Brachiosaurus auf den Baum zugeflogen.
Fragt der eine Archaeopteryx den anderen: „Hab ich ja noch nie gesehen, was ist das denn bitte?"
„Reg dich nicht auf", sagt der andere, „der wird eben hier irgendwo sein Nest haben!"

„Stell dir vor: Ich fahre mit meinem Jeep durch die Wildnis und plötzlich steht ein riesiger Spinosaurus vor mir!"
„Und was hast du dann gemacht?"
„Ganz einfach: ein Ablenkungsmanöver – links geblinkt und schnell rechts abgebogen!"

Ein Hadrosaurus gerät in eine Verkehrskontrolle.
Der Polizist: „Sie wollen doch wohl diesen alten Haufen Blech nicht wirklich als Auto bezeichnen?“
„Nein, auf keinen Fall, dann müsste ich ja einen Autoführerschein haben!“

Der Zahnarzt guckt dem Tyrannosaurus in den Mund und meint:
„Das ist kein Loch, Loch, Loch, das ist schon eine Höhle, Höhle, Höhle!“
„Das müssen Sie mir aber nicht dreimal sagen, Herr Doktor!“
„Das tue ich auch nicht, das ist das Echo, Echo, Echo!“

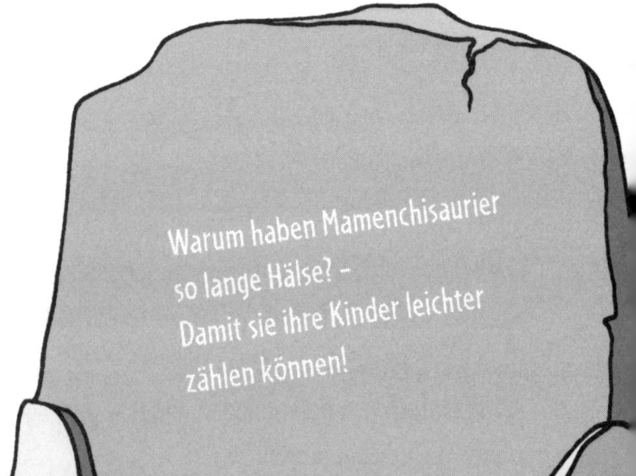

Sagt der eine Brachiosaurus zum anderen: „Es ist wirklich schlimm mit dem kleinen Gehirn. Ich kann mir absolut nichts merken!“
„Wie lange hast du das denn schon?“
„Wie lange habe ich was schon?“

Fragt der Zahnarzt den Lystrosaurus: „Wollen wir den Zahn ein wenig betäuben, bevor wir ihn ziehen?“
„Auf keinen Fall, jetzt hat er mich so lange gequält, jetzt schonen wir ihn auch nicht!“

Ein Suchomimus hat sich verirrt und fragt einen Artgenossen: „Wo geht dieser Weg denn bitte hin?“
Antwortet der andere: „Der geht nirgendwo hin, der bleibt, wo er ist!“

Ein Triceratops bekommt von einem Tyrannosaurus ordentlich was auf die Nase, kann sich aber noch nach Hause flüchten.
Die Familie fragt ihn: „Und, ist die Nase noch ganz?"
Er antwortet: „Ja, es geht, die Löcher waren schon vorher drin!"

Zwei Brachiosaurier überlegen, ob der Mond oder die Sonne nützlicher ist, und kommen zu dem Schluss: „Der Mond ist wichtiger für uns, die Sonne scheint ja nur, wenn es sowieso hell ist!"

Was will ein Tyrannosaurus mit Filzpantoffeln? –
Er will sich besser anschleichen können!

Ruft eine Frau beim Tierarzt an: „Sie müssen mir helfen, ich habe keinen Schlüssel mehr und komme nicht ins Haus!"
„Das ist doch aber kein Fall für einen Tierarzt!", antwortet der Arzt.
„Doch, denn der Schlüssel wurde von einem Iguanodon gefressen!"

Was will ein Shonisaurus mit einem Messer am Ufer? –
In See stechen!

Ein Mann sitzt weinend auf einer Parkbank.
Kommt ein anderer vorbei und fragt: „Was ist denn los?"
„Mein Iguanodon ist entlaufen!"
„Ach, machen Sie sich keine Sorgen, das findet schon allein nach Hause!"
„Ja, aber ich nicht!"

Ein großer, stattlicher Allosaurus trifft ein Weibchen seiner Art und sagt: „Ich bin der größte und stärkste Allosaurus weit und breit. Ich bin eine gute Partie, wenn du willst, nehme ich dich zu meiner Frau!"
Da antwortet das Weibchen: „Was soll ich denn bitte schön bei deiner Frau?"

Was hat vier Beine und kann vorne und hinten gleich gut sehen? – Ein Diplodokus mit geschlossenen Augen!

Ein Ankylosaurus hat eine Weile unter Triceratopsen gelebt.
Als er wieder zu seinen Artgenossen zurückkehrte, fragte man ihn: „Und wie bist du empfangen worden?"
Er sagte: „Wenig herzlich!"
Sie fragten weiter: „Und das Essen?"
Darauf antwortet er: „Herzlich wenig!"

Was passiert, wenn sich ein Brachiosaurier gegen einen Baum lehnt? – Der Baum kippt um, denn der Klügere gibt nach!

Der kleine Scutellosaurus möchte seinem Frauchen eine Pralinendose zum Geburtstag kaufen.
Im Laden fragt der Verkäufer: „Wie soll sie denn ungefähr aussehen, welche Farbe, wie groß?“
Der kleine Saurier antwortet: „Egal, Hauptsache, der Deckel geht ganz leise auf und zu!“

Der Stegosaurus will Cowboy spielen und nimmt sich den nächstbesten Dackel als Reitpferd.
Als der Halter des Hundes kommt, ist dieser wenig begeistert:
„Was hast du nur mit unserem Dackel gemacht?“
„Nichts passiert, er hatte schon vorher krumme Beine!“

Fragt ein Triceratops seinen Artgenossen: „Wie komme ich wohl am sichersten durch den dunklen Wald?“
Der andere antwortet: „Als Tyrannosaurus zum Beispiel!“

Verabreden sich zwei Elasmosaurier:
„Wo wollen wir uns denn treffen, am Riff?"
„Mir egal!"
„Und wann?"
„Wann du willst!"
„O. k., bis dann!"

Wie heißt das Oberhaupt einer italienischen Saurierfamilie? – Iguano-Don!

Warum gab es in der Kreidezeit keinen Wein? –
Weil an den Hängen der Vulkane nur Glühwein wuchs!

Über Nacht ist der Protoceratops verschwunden.
Der Tyrannosaurus rex verhört daraufhin die Velociraptoren in der Gegend: „Wer von euch hat ihn mir weggefressen?“
Alle versichern, dass sie es nicht waren.
Ein Velociraptor kaut noch und ein Haufen Knochen liegt vor ihm.
„Du warst es!“, sagt der Tyrannosaurus.
„Nein, wirklich nicht!“, behauptet der Velociraptor hastig kauend und schluckend.
„Das sagen alle!“, gibt der Tyrannosaurus rex verärgert zurück.
„Aber“, entgegnet der Velociraptor, „wenn alle sagen, dass ich es nicht war, dann musst du mir doch einfach glauben!“

Ein Stegosaurus auf Wanderschaft kommt in eine verlassene Gegend und ärgert sich über das Wetter.
Da trifft er einen Artgenossen und fragt ihn:
„Regnet es hier eigentlich immer?“
„Nein“, antwortet der, „im Winter schneit es auch!“

Geht ein kleines Iguanodon durch die Wüste und denkt sich: „Nee, nee, nee, so viel Sand und keine Förmchen!"

Ein Junge gibt mit seinem Scutellosaurus an:
„Er kann das Telefonbuch auswendig!"
„Das wollen wir hören!", sagen die anderen Jungs.
„O. k., kleiner Saurier, wir fangen beim Buchstaben M an!"
Der Scutellosaurus legt los: „Maier, Maier, Maier, Maier, Mayer, Mayer, Mayer ..."

Eines Morgens entdeckt der Zirkusdirektor, dass der Velociraptor ausgebrochen ist.
Er fragt seine Angestellten: „Wie konnte es nur passieren, dass er den Schlüssel klauen konnte?"
„Den hat er nicht geklaut", versichern die Angestellten, „den hat er ganz ehrlich beim Pokern gewonnen!"

Warum hatten die Brachiosaurier keine Hufeisen? – Weil sie nicht daran glaubten, dass das Glück bringt!

Zwei Velociraptoren mieten sich ein Boot und gehen fischen. Sie sind außerordentlich erfolgreich und fangen jede Menge Fisch. Da meint der eine: „Das ist eine gute Stelle, wir sollten sie markieren!" Er malt ein Kreuz auf den Boden des Bootes. Da sagt der andere: „Das bringt doch nichts, nächstes Mal kriegen wir bestimmt ein anderes Boot!"

Warum legen Brachiosaurier eckige Eier? – Damit sie nicht den Vulkan hinunterrollen!

Ein Herrchen erzieht seinen frechen Velociraptor:
„Heute erkläre ich dir mal die Begriffe höflich und unhöflich direkt am Beispiel. Hol doch bitte mal das Telefonbuch. Und jetzt such irgendeine Nummer heraus."
Der Vater wählt die Nummer eines Herrn Ernst Riemann:
„Hallo, hier spricht Daniel Löwenstein. Ich hätte gerne Ihren Sohn Rudolf gesprochen."
„Ich habe keinen Sohn. Sie haben sich bestimmt verwählt."
Das Gespräch ist beendet.
„Siehst du, das war recht höflich."
Das Herrchen wählt nochmals die Nummer des Herrn Riemann:
„Hallo, hier noch mal Daniel Löwenstein. Ich möchte bitte Ihren Sohn Rudolf sprechen."
„Ich habe keinen Sohn. Verdammt, das habe ich Ihnen doch gerade schon gesagt!"
Der Hörer wird am anderen Ende auf die Gabel geknallt.
„Siehst du, das war ziemlich unhöflich von ihm."
Da hat der Velociraptor eine Idee: „Und ich zeige dir jetzt mal, was ‚verwirrt' bedeutet."
Der Saurier wählt wieder die Nummer.
„Ja, hier Riemann!"
„Hallo, Papa, hier ist Rudolf, hat jemand für mich angerufen?"

Frauchen schimpft mit ihrem kleinen Scutellosaurus:
„Du solltest doch aufpassen, wann die Milch überkocht!“
„Hab ich ja, es war genau viertel nach neun!“

Sagt ein Diplodokus zum anderen: „Wirklich ein schöner Hals, prächtiger Schwanz, perfekter Körper ... Aber genug von mir, wie geht es dir so?“

Sagt der Tyrannosaurus grinsend zu seinem Opfer, dem Triceratops:
„Heute möchte ich mal was richtig Gutes essen!“
Darauf sagt der Triceratops: „Dann empfehle ich besonders den Ankylosaurier!“

Warum brauchten die Lystrosaurier keinen Strom? –
Sie wollten lieber bei Kerzenlicht fernsehen!

Kommt ein Diplodokus nach Hause und beklagt sich: „Alle sagen, ich hätte große Füße!“
Darauf sagen die anderen: „Ach Quatsch, nun stell deine Schuhe in die Garage und hör auf zu meckern!“

Warum haben die Iguanodons keine Brezeln gegessen? – Weil sie mit ihren klobigen Füßen die Knoten nicht aufbekamen!

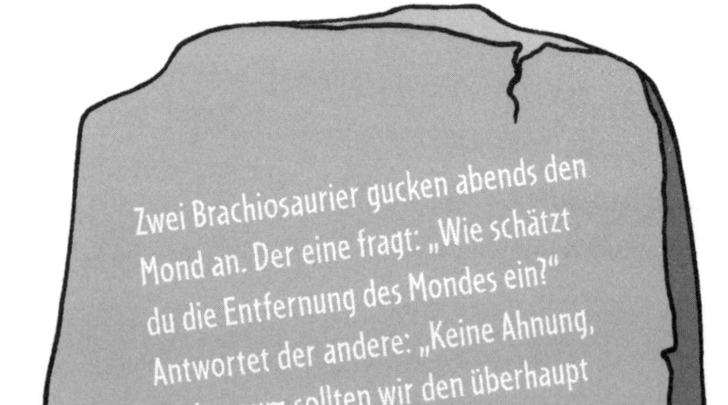

Treffen sich zwei Planeten in der Umlaufbahn.
Fragt der eine: „Wie geht's dir denn so?"
Sagt der andere: „Geht so, ich habe gerade die Sauropoden!"
Sagt der andere: „Kenn ich, aber keine Sorge, das geht vorbei!"

Zwei Diplodoken laufen durch die Einöde.
Dem einen knurrt der Magen.
Fragt der andere: „Was war das denn?"
Sagt der andere: „Meine innere Stimme!"

Zwei Archaeopteryx streiten sich.
Sagt der eine: „Warum kannst du nie mit mir einer Meinung sein?"
Sagt der andere: „Weil wir dann beide im Unrecht wären!"

Ein Tyrannosaurus macht eine vegetarische Diät.
Fragen ihn die anderen: „Und was isst du jetzt immer?"
Sagt der Tyrannosaurus: „Blutorangen!"

Treffen sich zwei Allosaurus in Hollywood.
Der eine frisst eine Filmrolle auf.
Fragt der andere: „Und, schmeckt's?"
„Ach, geht so, das Buch fand ich besser!"

Entsetzt kommt Frauchen aus der Speisekammer und schimpft mit ihrem Velociraptor: „Als ich das letzte Mal nachgesehen habe, gab es noch fünf Tortenstücke und jetzt nur noch eines. Hast du dafür eine Erklärung?"
„Möglicherweise war es so dunkel dort, dass ich das letzte Stück glatt übersehen habe!"

Sagt der eine Triceratops zum anderen:
„Heute Nacht habe ich geträumt, ich hätte einen riesigen Champignon gegessen!"
Sagt der andere: „Interessant, und dann?"
„Als ich heute Morgen aufwachte, war mein Kopfkissen verschwunden!"

Ein Elasmosaurus schleppt sich durch die Wüste
und trifft einen Wüstenbewohner.
Er fragt ihn mit letzter Kraft: „Ist es noch weit bis zum Meer?"
Er bekommt die Antwort: „Ja, zum Meer ist es noch ein gutes Stückchen, aber einen solchen Strand findet man nicht alle Tage, nicht wahr?"

Ein Tyrannosaurus beißt in eine Eisenbahnschiene und sagt:
„Meine Güte, ist die aber hart!"
Sagt ein anderer, der gerade vorbeikommt: „Geh noch ein paar hundert Meter weiter,
da ist eine Weiche!"

Warum haben die Ankylosaurier nicht vor dem Essen gebetet? – War nicht nötig, sie haben nur das gefressen, wovon sie wussten, dass es gut schmeckt!

Der eine Scutellosaurus fragt den anderen:
„Was ist das: Es hat acht Beine, ist pelzig behaart und schwarz?"
„Keine Ahnung! Was ist das?"
„Weiß ich auch nicht, aber es krabbelt gerade auf deinem Rücken herum!"

Fragt ein kleines Iguanodon seine Mutter:
„Wann bin ich eigentlich aus dem Ei geschlüpft?"
„Am 27. Juni, mein Schatz!"
„So ein Zufall, genau an meinem Geburtstag!"

Fragt ein Tyrannosaurus den anderen: „Weißt du eigentlich, warum die Triceratops so fett sind?"
„Nee, keine Ahnung, vielleicht, damit beim Essen nicht das Maul quietscht?"

Warum hat der Diplodokus keine Zahnpasta benutzt? – Weil er seine Füße nicht in die Tube bekam!

Der Tyrannosaurus flucht: „Dieser Ankylosaurus schmeckt ja wie eine alte Schuhsohle!"
Ein Artgenosse schüttelt den Kopf und sagt zu ihm: „Was du schon alles gefressen hast …"

Fragt ein kleiner Triceratops seine Mutter: „Bringt es eigentlich Unglück, wenn ein schwarzer Tyrannsaurus rex von rechts kommt?"
Sagt die Mutter: „Ja, und das gilt für alle Farben und Richtungen!"

„Früher hat unser Iguanodon Geige gespielt, aber es damit aufgehört, als wir Kinder bekamen!"
„Ja, Kinder sind wirklich ein Segen!"

Kommt ein kleiner Spinosaurus nach Hause und sagt zu seinem Vater: „Wir müssen mal unter drei Augen sprechen!“
„Unter vier Augen, meinst du wohl?“
„Nein, unter drei, eines müsstest du nämlich mal zudrücken ...“

Fragt der eine Diplodokus den anderen: „Weißt du eigentlich, was ein Vakuum ist?“
Sagt der andere: „Ich habe es im Kopf, kann es aber gerade nicht erklären!“

Sagt ein Tyrannosaurus rex zum anderen:
„Ich erobere jedes Weibchen im Sturm!"
Fragt der andere: „Und was machst du bei gutem Wetter?"

Welcher Velociraptor wiegt mehr als ein Stegosaurus? – Der Velociraptor, der gerade einen Stegosaurus verputzt hat!

Fragt der eine Stegosaurus den anderen:
„Und ist dein Weibchen durch diese Schlammpackung wirklich schöner geworden?"
„Ja", antwortet der, „anfangs schon, aber langsam bröckelt das Zeug wieder ab!"

Was ist klein bei einem Brachiosaurus, aber groß bei einem Scutellosaurus? – Das „S"!

Sagt das eine Velociraptorskelett zum anderen:
„Es ist kalt geworden."
Das andere stimmt zu: „Ja, man friert bis auf die Knochen!"

„Unser Großvater wird am Samstag hundert Jahre alt, ist das nicht großartig?"
Das Hausiguanodon guckt nur gelangweilt und sagt: „Na, dafür hat er sich ja auch ordentlich Zeit gelassen!"

Warum wurden die Allosaurier in der Schlucht immer heiser? – Weil sie beim Echo immer das letzte Wort haben wollten!

Ein hungriger Tyrannosaurus sieht einen kleinen Triceratops. Er ist viel zu klein, um davon satt zu werden. Da mault der Tyrannosaurus ihn an: „Lass dich bloß nicht noch mal ohne deine Eltern blicken!"

Treffen sich zwei alte Lystrosaurier.
Fragt der eine: „Wie geht es so?"
Sagt der andere: „Nicht schlecht, aber mein linkes vorderes Bein tut mir weh!"
Da meint der andere: „Ach, solche Schmerzen sind altersbedingt."
Der erste ist verdutzt und sagt: „Komisch, die anderen Beine sind genau so alt und tun nicht weh!"

Was macht der faule Brachiosaurus im Winter unter einem Baum? – Er wartet, bis die Blätter wiederkommen!

Fragt die Triceratops-Mama ihren Kleinen:
„Warum spielst du denn nicht mehr mit den Jungen der anderen Familien?"
„Möchtest du etwa mit jemandem spielen, der dauernd betrügt und andere quält?"
„Nein, natürlich nicht!"
„Na, so sehen es die anderen jungen Triceratops eben auch!"

Trifft der eine Brachiosaurus einen anderen und sagt: „Ich glaube, dieses Gesicht habe ich schon mal irgendwo gesehen ..."
Sagt der andere: „Kann ich mir nicht vorstellen, ich trage es eigentlich immer an derselben Stelle!"

Kommt der kleine Triceratops zu seinem Vater und sagt:
„Der Stegosaurus hat gesagt, dass ich dir voll ähnlich sehe."
„Und was hast du dann gesagt?"
„Nichts", antwortet der Kleine. „Er ist ja viel stärker als ich!"

Warum sind die Brachiosaurier aus Eiern geschlüpft? –
Weil es ihnen immer irgendwann zu eng darin wurde!

Fragt auf einer langen anstrengenden Wanderung ein Iguanodon das andere: „In welche Richtung gehen wir eigentlich?"
Antwortet das andere erschöpft: „Ich denke nach Süden, denn mir ist ziemlich warm mittlerweile!"

Was sollte man machen, wenn man einen Argentinosaurier in seinem Bett entdeckt? – Sich einen neuen Schlafplatz suchen!

Zwei Lystrosaurier haben sich gestritten und sind sauer aufeinander. Nach einer Weile treffen sie sich zufällig wieder.
Da sagt der eine: „Hey, du machst gar nicht mehr so ein grimmiges Gesicht. Bist du also nicht mehr sauer?"
„Denkste", sagt der andere, „ich ruhe nur kurz mein Gesicht aus!"

Ein Schild an der Rolltreppe irritiert den jungen Mann: „Haustiere müssen auf der Rolltreppe getragen werden."
Er denkt sich: „Jetzt habe ich meinen Brachiosaurus nicht dabei und wenn ich ihn dabeihätte, würde das die Situation auch nicht wesentlich vereinfachen ..."

Das fürsorgliche Herrchen will seinem Scutellosaurus eine Gutenachtgeschichte am Körbchen vorlesen, hält aber verblüfft inne, als dieser ihn bittet: „Kannst du etwas leiser lesen, ich würde gerne schlafen!“

Sitzen zwei Velociraptor im Restaurant. Der eine bestellt ein rohes Steak und der andere sagt: „Für mich auch, aber bitte frisch!“ Ruft der Ober zur Küche: „Zweimal Steak, einmal frisch!“

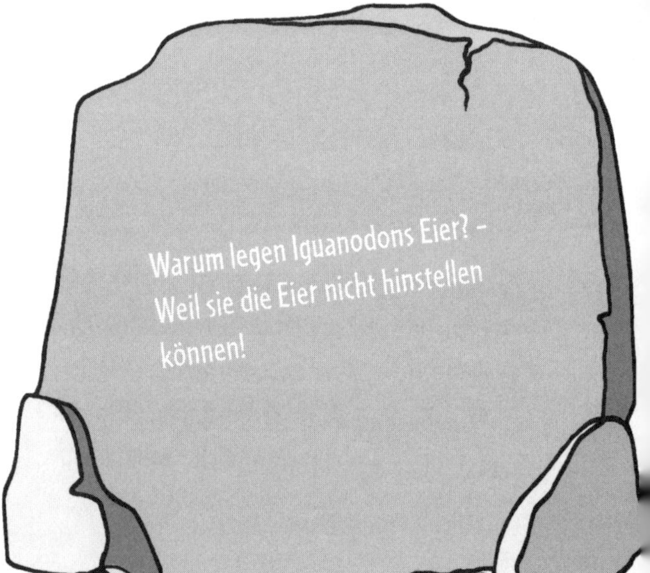

„Mit meinem schönen Diplodokus habe ich auf der Dino-Schau den ersten Preis gewonnen!“, prahlt Simon vor seinem Freund. „Na ja“, gibt er kleinlaut zu, als sein Freund ihn irritiert anschaut, „es war nicht ganz der erste Platz, aber der erste Preis, den ich gewonnen habe!“

Sagt ein Brachiosaurus zum anderen: „Ich kenne einen neuen Witz, weiß aber nicht, ob ich ihn dir schon erzählt habe.“
„Ist er lustig?“
„Ja, ziemlich lustig sogar!“
„Dann hast du ihn mir noch nicht erzählt.“

Sagt der eine Allosaurus zum anderen:
„Dein Mund ist offen!“
Antwortet der andere: „Weiß ich,
hab ich ja selbst aufgemacht!“

Zwei Hobbyfotografen machen eine Fotosafari.
Der eine packt seine Kamera aus und verlässt das Zelt mit den Worten: „Jetzt gehe ich Spinosaurier fotografieren!"
Sagt der andere: „Du bist doch verrückt, die Viecher sind wirklich gefährlich!"
„Ach was", meint der mutige Freund, „ich wette um meine Kamera, dass ich mit schönen Fotos wiederkomme. Du wirst staunen!"
Nach einer Weile steht ein Spinosaurus mit einer Kamera vor dem Zelt und sagt: „Ich glaube, die gehört jetzt Ihnen."

Fragt ein kleiner Suchomimus seinen Vater:
„Papa, ist der Stille Ozean eigentlich die ganze Zeit still?"
„Frag doch mal was Vernünftiges", raunzt der Papa.
„Papa, woran ist eigentlich das Tote Meer gestorben?"

Steht ein Ankylosaurus mit einer Zeitung in der Hand vor der Haustür der Durkheims. Frau Durkheim öffnet, ist verdutzt und fragt:
„Wo kommen Sie denn her?"
„Aus der Kreidezeit, ich bin der neue Bote und bringe die Zeitung!"
„Danke, aber wir möchten lieber die aktuelle Ausgabe!"

In der Nacht wurde im Hühnerstall des Bauern kräftig gewildert. Da sagt die Bauersfrau zu ihrer kleinen Tochter: „Siehst du, die Hühner waren nicht brav und da hat sie der Fuchs geholt!"
Doch der Bauer wirft ein: „Liebe Frau, ich will deine Erziehung nicht untergraben, aber erstens war es nicht der Fuchs und zweitens sah der Velociraptor, den ich heute Nacht erwischt habe, nicht so aus, als würde er zwischen bravem und ungezogenem Futter unterscheiden!"

Zwei Biologen wetteifern, wer das bessere Experiment gemacht hat. Der eine sagt: „Stell dir vor, ich habe einen Igel und einen Wattwurm gekreuzt und herausgekommen ist Stacheldraht!“
Der andere überlegt und kontert: „Das ist doch gar nichts. Ich habe einen Spinosaurus mit einem Wal gekreuzt und dann ein Segelboot erhalten!“

Woran erkennt man, dass ein T-Rex müde ist und sich gleich schlafen legen wird? – An dem Schlafanzug mit dem großen „T“ drauf!

Ein Kunde in der Zoohandlung möchte einen besonders schön singenden Vogel haben. Der Verkäufer zeigt auf einen Archaeopteryx, dessen Gesang wirklich ganz bezaubernd klingt. Der Kunde ist überzeugt und will ihn nehmen.
„In Ordnung“, sagt der Verkäufer, „dann packe ich Ihnen diesen und den daneben ein.“
„Aber den anderen will ich doch gar nicht!“, beschwert sich der Kunde.
„Tut mir leid“, sagt der Verkäufer, „aber wir verkaufen nur beide zusammen, denn der andere ist der Komponist!“

Es unterhalten sich zwei Väter über ihre Söhne.
Der eine ist überrascht, dass der Sohn seines Gesprächspartners noch nicht schwimmen kann: „Wie, er kann noch nicht schwimmen? Dabei ist ihr Kleiner doch schon sieben Jahre alt!"
„Ja, aber wir haben diesen Elasmosaurus bei uns aufgenommen!"
„Na und, was hat das damit zu tun?"
„Der war früher bei der Wasserwacht und immer, wenn mein Sohn ins Wasser will, setzt er ihn wieder ans Ufer, da ist nichts zu machen!"

Eigentlich hinderten den Allosaurus nur zwei Dinge daran, ein guter Tänzer zu werden: seine Füße!

„Weißt du, Elena, da hat mein Velociraptor doch tatsächlich den ersten Preis vom Singvogel-Talentwettbewerb mit nach Hause gebracht!"
„Tatsächlich? Aber, das Tier kann doch gar nicht singen!"
„Bisher nicht, aber es hat den Sieger verschluckt!"

Kommt ein Iguanodon in ein nobles Restaurant.
Es bestellt sich einen gemischten Salat.
Nach dem Essen kommt der Ober mit der Rechnung und merkt an:
„Wir haben wirklich nicht oft Iguanodons hier zu Gast!"
Das Iguanodon antwortet mit einem Blick auf die Rechnung:
„Bei diesen Preisen wundert mich das gar nicht."

Denkt sich der Tyrannosaurus beim Anblick eines Ritters in voller Rüstung: „Mist, und jetzt habe ich den Dosenöffner nicht dabei!"

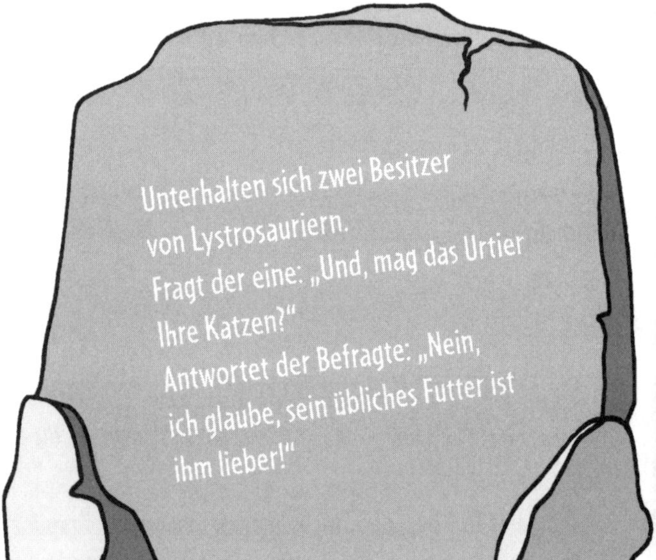

Peter fragt seinen Freund Kurt: „Sag mal, wie alt ist eigentlich dein Brüderchen?"
Kurt antwortet: „Ein Jahr ist er jetzt."
„Ein Jahr und er kann noch nicht laufen?"
„Nee, noch nicht so besonders gut."
„Also unser neuer Lystrosaurus ist erst höchstens ein dreiviertel Jahr alt und kann schon ganz schön schnell laufen!"
„Ja, aber der hat nun auch doppelt so viele Beine wie mein Bruder!"

Der Briefträger ist etwas eingeschüchtert von Dillmanns neuem Haustier: Der bereits zu einer stattlichen Größe herangewachsene Tyrannosaurus rex tobt im Vorgarten beim Anblick des Boten.
Frau Dillmann will den Postboten beruhigen und ruft:
„Keine Angst, kommen Sie nur näher. Sie wissen doch: Hunde, die bellen, beißen nicht!"
„Dieses Sprichwort kenne ich, Frau Dillmann, aber erstens bin ich mir nicht sicher, ob die Kreatur im Garten es auch kennt, und zweitens sieht mir das auch nicht aus wie ein Hund!"

Was ist der beste Weg,
einem Tyrannosaurus zu entkommen? –
Der Fluchtweg!

Ein Ankylosaurus schlendert durch eine Kunstgalerie. Nach einer Weile bleibt er vor einer Wand stehen, schüttelt den Kopf und sagt zu dem Galeristen: „Und das soll nun wohl moderne Kunst sein, was?“ „Nein“, antwortet der Galerist, „das ist ein Spiegel!“

Kommt eine Frau mit einem gefährlich um sich beißenden Velociraptor ins Fundbüro und sagt: „Hier, nehmen Sie mir den ab, ich habe ihn gefunden!“
Der Mann bei der Fundstelle antwortet: „Wenn innerhalb von drei Monaten niemand Ansprüche anmeldet, gehört er Ihnen, ist das nicht toll?“

Welche Bäume haben die Brachiosaurier nicht gefressen? – Die Purzelbäume!

Frauchen ist mit ihrem kleinen Scutellosaurus im Restaurant. Der Saurier sagt: „Schau mal, der Mann da drüben isst seine Suppe mit der Gabel!“
„Sei ruhig!“, sagt das Frauchen zum Scutellosaurus.
„Igitt, jetzt trinkt er aus der Blumenvase!“
„Sei still!“
„Aber jetzt schiebt er sich den Bierdeckel zwischen die Zähne!“
„Genug damit, gib dem Mann sofort seine Brille wieder!“

Ein Velociraptor geht mit seinem Herrchen im Regen spazieren. An jeder Pfütze sagt der Saurier zum Herrchen: „Hüpf!" Ein Bekannter aus der Nachbarschaft hat sie kurz beobachtet und fragt das Herrchen: „Warum lässt du dir denn von dem Velociraptor vorschreiben, dass du hüpfen sollst?" Der Velociraptor ist ganz empört und stellt klar: „Das ist mein Herrchen, und das kann ich so oft hüpfen lassen, wie ich will!"

Im Museum steht der kleine Björn vor einer Glasvitrine, in der sich ein Scutellosaurus befindet und denkt laut nach: „Ich möchte nur zu gerne wissen, wie die den geschossen habe, ohne das Glas kaputt zu machen!“

Unterhält sich ein Ehepaar beim Frühstück. Die Frau sagt: „Nun sieh dir das an, jetzt hast du wieder den Kühlschrank offen gelassen und der Stegosaurus war drin. Überall sind Abdrücke von Rückenpanzerplatten im Frischkäse!“

Sagt der eine Dinohalter zum anderen: „Jedes Mal, wenn mein Triceratops ins Wasser geht, bekommt er was!“
„Ja, was denn?“
„Nasse Füße!“

Warum hatte der Triceratops Nackenschild und Hörner? – Was für eine Frage, ein Fahrrad ohne Sattel und Lenker wäre ja auch doof!

Eine Frau stürzt in eine Arztpraxis und ruft: „Hilfe, mich hat ein Deinonychus gebissen! Bestimmt habe ich jetzt die Tollwut! Geben Sie mir einen Zettel und einen Stift!“ „Aber, aber“, beruhigt sie der Arzt, „so ein Biss ist gefährlich, aber sicher müssen Sie deswegen jetzt nicht sofort Ihr Testament schreiben!“ „Das will ich auch nicht, ich mache mir eine Liste von Leuten, die ich jetzt noch schnell beißen möchte!“

Auf einer Parkbank sitzt ein kleines Mädchen und weint. Ein ältere Dame setzt sich zu ihr und möchte sie trösten: „Nun komm schon, erzähl, was dir passiert ist.“ „Heute früh habe ich meinen Scutellosaurus verkauft und mir von dem Geld ein Eis gekauft.“ „Das ist ja schrecklich!“, empört sich die Dame. „Und jetzt hast du bestimmt ein schlechtes Gewissen, bereust, was du getan hast, und weinst deshalb.“ „Nein“, meint das Mädchen, „das ist es nicht. Aber wenn ich es nicht verkauft hätte, könnte ich das jetzt tun und mir jetzt ein Eis kaufen!“

Was machen eigentlich die Jungs auf der Straße, wenn ihnen ein Tyrannosaurus den Fußball wegnimmt? – Sie sind vernünftig und besorgen sich einfach einen neuen Ball!

Sagt der Spinosaurus zum Unenlagia: „Keiner nimmt mich ernst. Ich glaube, es ist wegen dieses unmöglichen Rückensegels." Antwortet der Unenlagia: „Hihi, haha, ja, das Rückensegel, wirklich ein Kracher, ich halt's nicht aus, wirklich zum Schießen!"

Fragt der kleine Stegosaurus seine Mama:
„Mami, wie viele Rückenplatten haben eigentlich Stegosaurier?"
„So etwa ein Dutzend!"
„Und wie viele hab ich?"

Treffen sich zwei weibliche Mamenchisaurus.
Das eine Weibchen hat einen schweren Koffer dabei.
Das andere erkundigt sich: „Wollen Sie lange verreisen?"
„Ja, ich fahre auf eine Schönheitsfarm, um meinen Hals korrigieren zu lassen, das könnte ein paar Jahre dauern ..."

Warum haben Brachiosaurier nie gepfiffen, um sich gegenseitig vor Gefahr zu warnen? – Wie hätten sie dazu denn ihre riesigen Füße in den Mund stecken sollen?

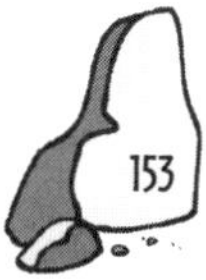

Der Bauer sieht den Velociraptor aus dem Hühnerstall kommen und fragt ihn verärgert: „Was hast du in meinem Hühnerstall gemacht, du Schuft?"
„Nichts, ich habe nur die Eier gestempelt!"

Ein Ankylosaurus will über die Grenze.
Fragt der Zollbeamte: „Alkohol, Zigaretten?"
„Nein danke", antwortet der Ankylosaurus,
„aber ein wenig Salat würde ich gerne nehmen!"

Die Ehefrau liest ihrem Mann aus der Zeitung vor: „Stell dir vor, Ernst, hier steht, dass es in unserem Wald tatsächlich wieder Tyrannosaurier geben soll!"
„Und was tun sie dagegen?", brummt der Mann.
„Sie haben erst mal eine Gruppe Jäger hineingeschickt."
„Na, von denen werden sie aber auch nicht lange satt!"

Ein paar Allosaurier haben einen riesigen Brachiosaurus erlegt. Sagt einer der Allosaurus: „Jetzt eine anständige Tiefkühltruhe und wir hätten ein paar Monate Ruhe ...“

Zwei Protoceratops spielen Schach.
Sagt der eine: „Kontra!“
Der andere ist empört und entgegnet:
„Spinnst du, seit wann gibt es beim Scrabble Elfmeter?“

Zwei Triceratops schlendern eine Landstraße entlang. Dann fährt ein Bus vorbei und der eine sagt zum anderen: „Ist das nicht schrecklich, wie diese armen Kreaturen in Blechkäfigen transportiert werden?"

Der Tierpfleger ist entsetzt, als er hört, dass der Argentinosaurus gestorben ist. Denn eines weiß er sicher: Jetzt wird er wieder Jahre brauchen, um ein Grab auszuheben, das groß genug ist!

Hat der Triceratops seine Hörner wirklich dafür benutzt, den Tyrannosaurus abzuwehren? –
Ja, er hat auf diesen laut getutet, um Hilfe zu holen!

Es ist Hochsommer, beste Saison auf der Urlaubsinsel. Eine Gruppe Tyrannosaurier schlendert am Strand entlang, alle Badegäste rennen kreischend davon, der Strand ist nun menschenleer.
Ein Dinosaurier wundert sich: „Komisch, ich habe gehört, dass man zu dieser Zeit sonst kaum einen Liegeplatz findet!"

Opa erzählt den Enkelkindern von seinem Kampf mit den Tyrannosauriern.
Die Zuhörerschaft ist ungläubig und gibt zu bedenken:
„Aber die Tyrannosaurier sind doch schon ausgestorben!"
„Richtig", sagt Opa, „ich habe keinen von ihnen verschont!"

„Komm, wir gehen ins Museum, die haben da riesige Reptilien aus der Urzeit ausgestellt!"
„Ach, nee danke, da geh ich lieber in den Garten und guck mir einen Frosch mit der Lupe an – dann sehe ich auch ein großes Reptil!"

Der Tierpfleger wird von einem Deinonychus gebissen und kommt zum Arzt.
Der fragt ihn: „War das Ihr erster Arbeitsunfall?"
„Unfall?", schreit der Tierpfleger. „Das war kein Unfall, der Deinonychus hat absichtlich gebissen!"

Zwei Ankylosaurier denken über das Licht nach: „Unglaublich, dass das Licht dreihunderttausend Kilometer in der Sekunde zurücklegt!"
„Ja! Und dass es bei der Geschwindigkeit dann nicht ausgeht!"
„Ja! Und welche Entfernungen es dabei überwindet!"
„Wirklich unglaublich! Und dass es dabei immer pünktlich ankommt!"

Was hat der Elasmosaurus gegessen? – Fish and Ships!

Der kleine Jonas erzählt seinen Freunden: „Der Pteranodon ist schon ausgestorben, genau wie mein Hamster vor einem Jahr!"

Eine Raumkapsel, besetzt mit zwei Iguanodons und einem Lehrer, fliegt durchs All.
Dann kommt ein Funkspruch von der Erde: „Hier spricht die Kontrollstation. Iguanodon Nr. 1, bitte drücken Sie den gelben Knopf und bestätigen Sie mit dem Sicherheitscode!“
Iguanodon Nr. 1 drückt den gelben Knopf und bestätigt.
Später kommt ein weiterer Funkspruch: „Hier spricht die Kontrollstation, Iguanodon Nr. 2, bitte drücken Sie den blauen Knopf und bestätigen Sie mit dem Sicherheitscode!“
Iguanodon Nr. 2 drückt den blauen Knopf und bestätigt.
Fünf Minuten später: „Hier spricht die Kontrollstation, Herr Studienrat ...“
„Ja, ja“, unterbricht der Lehrer die Stimme, „ich weiß schon. Die Iguanodons füttern und ja nichts anfassen ...“

Der Verkehrspolizist hält einen Struthiomimus auf der Landstraße an: „Nach unserer Geschwindigkeitsmessung sind Sie mit 80 Kilometern in der Stunde durch die Ortschaft gerannt!“
„Unmöglich, ich bin erst seit zehn Minuten unterwegs!“

Die beiden Schwestern Lara und Klara sind in einer Klasse. Die Lehrerin gibt ihnen als Hausaufgabe einen Aufsatz mit dem Thema „Der Scutellosaurus".
Am nächsten Tag sagt die Lehrerin zu den Schwestern: „Aber ihr habt ja beide genau denselben Aufsatz geschrieben!" Aber Lara und Klara sagen nur: „Natürlich, wir haben ja auch denselben Scutellosaurus!"

Ein Mann mit einem Archaeopteryx auf dem Arm überquert eine Straße.
Aus einem Auto ruft jemand: „Hey, wo willst du denn hin mit diesem hässlichen Vogel?"
Der Mann protestiert:: „Das ist kein hässlicher Vogel!"
Aber aus dem Auto ruft es nur: „Seien Sie ruhig, ich rede mit dem Archaeopteryx!"

Fragt ein Mann seinen Kollegen: „Und, wie läuft es mit eurem neuen Brachiosaurus zu Hause? Braucht der nicht schrecklich viel Futter, ist der nicht teuer im Unterhalt?"
„Ach, das Geld für das Futter ist nicht so das Problem, aber die neuen großen Türrahmen im ganzen Haus waren nicht billig!"

„Herr Doktor, meine Tochter bildet sich ein, sie wäre ein Iguanodon!"
„Seit wann?"
„Seit sie aus dem Ei geschlüpft ist!"

Herr Dumdidum geht mit seinem Velociraptor im Wald spazieren. Auf einer Lichtung setzt er sich auf eine Bank und lässt das Tier von der Leine.
Nach ein paar Minuten kommt der Förster herbeigerannt und ruft: „Hey, Sie! Ihr Velociraptor jagt einen Mann auf dem Fahrrad durch den Wald!"
„So ein Unsinn", antwortet der Mann, „mein Velociraptor kann überhaupt nicht Fahrrad fahren!"

Der Polizist kommt zu einem Passanten und fragt:
„Sagen Sie, beißt Ihr Spinosaurus vielleicht fremde Leute?"
„Nein", entgegnet der Passant, „eigentlich nur, wenn er sie nicht kennt!"

„Wie heißt Ihr Brachiosaurus, Herr Rapp?"
„Ich weiß es nicht, das ist einfach nicht aus ihm herauszukriegen!"

Frau Schuh: „Unser Lystrosaurus ist schon fast wie ein Familienmitglied!"
Frau Weber: „Wie welches Mitglied?"

Unterhalten sich zwei Dinosaurierdompteure im Zirkus.
Der eine sagt: „Jetzt arbeite ich schon seit vielen Jahren mit den Tyrannosauriern, aber ich habe immer noch Angst, wenn ich meinen Kopf bei der Vorstellung in ihr Maul stecke."
„Verständlich", entgegnet der andere, „ich fürchte mich auch im Dunkeln!"

Ein Bauer geht mit seinem Brachiosaurus einen Weg entlang. Als sie zu einer Brücke kommen, sagt der Brachiosaurus, dass er da nicht drunter durch passt. Daraufhin fängt der Bauer an, die Brücke von unten weiter auszuschaben.
Ein Polizist kommt herbei und sagt: „Guter Mann, das ist verboten, die Brücke könnte einstürzen."
„Aber was soll ich tun, mein Brachiosaurus kommt nicht durch!"
„Dann graben Sie doch lieber den Boden aus, als die Brücke zu beschädigen!"
„Aber Sie sehen doch, nicht die Beine sind zu lang, sondern der Hals!"

Wie haben die Forscher den Suchomimus entdeckt? –
Sie folgten einfach seinen Fußspuren!

Der Ehemann liest seiner Gattin einen Absatz aus der Zeitung vor: „Manchmal sind hunderte von Brachiosauriern nötig, um ein einzelnes vollständiges Skelett für das Museum zusammenzubauen."
„Komisch", entgegnet seine Frau, „dabei gibt es doch bestimmt genug motivierte junge Menschen, die das auch allein hinkriegen würden!"

Nachdem der Diplodokus zum wiederholten Mal die Tribüne des Stadions eingedrückt hat, beginnt im Vorstand des FC Simonswolde eine lebhafte Diskussion, ob man nicht ein neues Maskottchen suchen sollte.

Während einer Unterhaltung zweier Jungs erwähnt der eine:
„Gestern habe ich in einem interessanten Buch etwas über den Vulcanodon karibaenis gefunden."
„Was für ein Ding?"
„Vulcanodon karibaenis!"
„Kenn ich, ich mein das andere, dieses ... Buch!"

Im Biologieunterricht erzählt der Lehrer, dass Knochenfunde verraten haben, dass der Triceratops vor über 60 Millionen Jahren in Amerika gelebt hat.
„So ein Quatsch!", protestiert eine Schülerin, „jeder weiß doch, dass Amerika erst vor etwa 500 Jahren entdeckt wurde!"

Ein Junge zeigt seiner Freundin die Fotos, die er von der Dinosaurierausstellung gemacht hat: „Hier bin ich zusammen mit dem Spinosaurus!"
Nachdenklich fragt die Freundin: „Bist du der mit dem Rückensegel?"

Fragt der Papa seinen Sohn: „Magst du Iguanodons?"
Der Sohn antwortet brav: „Ich esse alles, was auf den Tisch kommt!"

Wo schläft ein Shonisaurus? – Im Wasserbett!

Der Vater zeigt seinem Sohn einen Amurosaurus. Sichtlich erheitert sagt das Kind: „Guck mal, der sieht aus wie Opa Karl!“
„Aber“, ermahnt ihn der Vater, „so etwas sagt man doch nicht!“
Doch der Sohn antwortet unbeeindruckt: „Warum nicht, der Saurier kann uns doch nicht hören!“

Kommt ein arbeitsloser Tyrannosaurus rex zum Arbeitsamt. Der Sachbearbeiter fragt: „Was war denn Ihre letzte Beschäftigung?“
Der Tyrannosaurus sagt: „Jäger! Ich habe den Triceratops gejagt!“
„Aber der ist doch schon lange ausgestorben!“
„Ja, da sehen Sie, wie schlecht sich der Arbeitsmarkt in meiner Branche entwickelt hat!“

Zu welcher Familie gehört der Elasmosaurus? –
Ich glaube, keine Familie hat einen Elasmosaurus zu Hause!

Wann konnten die Brachiosaurier nichts sehen? –
Bei dichter Wolkendecke!

Die Lehrerin Frau Floor fragt ihren Schüler Ben:
„Was fraßen denn die Shonisaurier?"
Darauf antwortet Ben: „Was sie eben so appetitlich fanden!"

Der Museumsbesucher schüttelt den Kopf: „Dieses Juravenatorskelett soll 150 Millionen Jahre alt sein? Wir haben doch erst das Jahr 2011!"

Kommt ein Brachiosaurus zum Arzt und klagt über seinen Gedächtnisverlust.
Der Arzt fragt: „Seit wann haben Sie das?"
„Seit wann habe ich was?"

Kommt ein Protoceratopsskelett in die Milchbar und sagt: „Bitte einen Erdbeershake und einen Lappen zum Aufwischen!"

Kommt ein Brachiosaurusskelett zum Tierarzt.
Der sagt: „Sie kommen reichlich spät, finden Sie nicht?"

Ein Ankylosaurus berichtet seinem Freund: „Endlich kann ich wieder gut hören, ich habe ein Hörgerät bekommen!"
„Was kostet so etwas denn?"
„Nein, es rostet überhaupt nicht!"

Zwei Kollegen unterhalten sich in der Mittagspause.
Der eine erzählt: „Hast du schon gehört, es wurde das Skelett eines Dimetrodon im Schlosspark gefunden!"
„Tatsächlich, wie grauenhaft! Hat man schon einen Verdacht, wer das getan haben könnte?"

Wie nennt man den Dinosaurier,
der zaubern kann und auf einem Besen reitet? –
Tyrannosaurus hex!

Robert und Sabine stehen im Museum vor einem riesigen Dinosaurierskelett.
Robert fragt: „Was der Brachiosaurus wohl zu uns sagen würde, wenn er reden könnte?“
Seine schlaue Begleiterin antwortet: „Vermutlich würde er jetzt zu dir sagen, dass er ein Ampelosaurus ist!“

In der Klasse unterhalten sich zwei Sitznachbarn im Unterricht.
Sagt der eine: „Wusstest du, dass der Tylosaurus total lange unter Wasser bleiben konnte, ohne Luft an der Oberfläche zu holen?“
Der andere entgegnet: „Also, wenn ich so aussehen würde, hätte ich auch keine Lust, wieder aufzutauchen!“

Warum gab es Triceratops mit Holzbein? –
Weil die Tyrannosaurier ab und zu versuchten,
sich ihr Essen ein wenig einzuteilen!

Die kleine Claudia erzählt ihrer Mutter: „Heute war ich echt gut in der Schule, ich habe als Einzige gewusst, dass der Ankylosaurus fünf Beine hatte!“
„Aber das ist doch gar nicht richtig, meine Liebe“, antwortet die Mutter verdutzt.
„Ich weiß, aber es zählte trotzdem, denn ich war mit meiner Schätzung am nächsten dran!“

Was ist ein junger Troodon,
nachdem er 14 Jahre alt geworden ist? –
14 Jahre und einen Tag alt!

Der Deutschlehrer ermahnt seine Schülerin:
„Ich habe gesagt, alles, was man anfassen kann, wird großgeschrieben. Du hast aber ‚Tyrannosaurus' kleingeschrieben!"
„Das stimmt, Herr Lehrer, aber ich würde mich auch nie trauen, so ein Viech anzufassen!"

Der Velociraptor wird verdächtigt, eine Ente gestohlen zu haben. Die Indizien sind eindeutig:
Überall auf dem Rasen liegen Entenfedern herum.
Doch der Velociraptor verteidigt sich energisch: „Nein, so war es nicht. Die Ente wollte nur ein Bad nehmen und hat mich gebeten, auf ihre Klamotten aufzupassen!"

Fragt der Scutellosaurus den Regenwurm:
„Na, so allein hier?"
„Ja", sagt der Regenwurm traurig,
„der Rest der Familie ist beim Angeln!"

Ein Kunde kauft einen sprechenden Archaeopteryx und lässt ihn sich nach Hause liefern. Als er abends nach Hause kommt, hat er den Vogel gebraten auf dem Tisch!
Er ist außer sich und schimpft mit seiner Frau: „Wie konntest du das nur machen, der Archaeopteryx war besonders begabt und sprach zwei Fremdsprachen!“
Doch die Frau lässt sich nicht aus der Fassung bringen und sagt nur: „Also mir hat er davon nichts gesagt!“

Fragt die Lehrerin ihren Schüler im Biologieunterricht:
„Na, hättest du auch gerne so einen langen Hals wie der Brachiosaurus?“
Der Schüler antwortet keck: „Beim Waschen nicht unbedingt, aber während der Mathearbeit sehr gerne!“

Der Chef fragt: „Wie macht sich denn unser neues Iguanodon am Fließband?“
„Ach, langsam geht es mir auf die Nerven mit dem ewigen: ‚Wow, da kommt schon wieder so ein Ding!‘“

Tante Ursula kommt zu Besuch und begrüßt den kleinen Velociraptor: „Na, erkennst du mich wieder?"
„Natürlich, du bist doch die, die mir letztes Mal nichts mitgebracht hat!"

Was hat es zu bedeuten, wenn elf Iguanodons mit den gleichen T-Shirts und kurzen Hosen in die gleiche Richtung laufen? – Na, dass sie in einer Mannschaft sind!

„Es ist nicht auszuhalten, unser kleiner Velociraptor jagt alle Jungs auf dem Fahrrad!"
„Dann nehmen Sie ihm eben endlich sein Fahrrad weg!"

Der Lehrer erklärt seinen Schülern, wie das Telefonieren funktioniert: „Stellt euch einfach vor, ein riesiger Diplodokus steht mit seinem Schwanz in Frankfurt und hat den Kopf in Stuttgart. Wenn ihr auf den Schwanz in Frankfurt tretet, brüllt der Kopf in Stuttgart!"
„Und was ist mit schnurlosen Telefonen?", wollen die Schüler wissen.
Der Lehrer antwortet: „Das ist ungefähr genauso, bloß ohne Diplodokus!"

Was ist der Unterschied zwischen einem Pferd und einem Spinosaurus? – Na, setz dich mal auf einen drauf und gib ihm die Sporen!

Sagt der eine Wissenschaftler zum anderen: „Ich habe von meiner Forschungsreise in Amerika einen ungewöhnlich großen Oberschenkelknochen eines Iguanodons mitgebracht. Weißt du, was das bedeutet?"
„Das bedeutet", antwortet sein Kollege, „dass jetzt wohl irgendein Hund in Amerika sehr traurig ist!"

Zwei Brachiosaurier fliegen durch die Luft.
Sagt der eine: „Komm, lass mich auch mal in die Mitte!"

Fragt der eine Ankylosaurus den anderen:
„Gibst du mir was von dem Grünfutter ab?"
Sagt der andere: „Sag erst das Zauberwort mit Doppel-T!"
„Aber flott!"

Der Lehrer behauptet: „Ein Hadrosaurus hat täglich die Masse seines eigenen Körpergewichts gefressen!"
„So ein Unsinn", empört sich eine Schülerin, „woher sollte der denn gewusst haben, wie viel er wiegt?"

Bei Lehrer Pauli gibt es eine Regel: Der Unterricht beginnt mit schweren Fragen und wer davon eine beantworten kann, bekommt keine zweite mehr gestellt.
Einmal lautete seine erste Frage: „Wie viele Zähne hatte ein Deinonychus?"
Der kleine Titus springt auf und sagt: „Etwa siebzig, Herr Pauli!"
„Donnerwetter", meint der Lehrer, „woher weißt du das denn?"
Titus sagte darauf nur: „Das, Herr Pauli, ist dann wohl die zweite Frage, die ich nicht beantworten muss!"

Wie alt wurde der Suchomimus? –
Steinalt!

Der Lehrer erzählt der kleinen Susi, dass Hadrosaurier schon über 100 Millionen Jahre alt sind.
Da denkt sie sich: „Was für ein Glück, dass unser Hadrosaurier zu Hause nicht weiß, wann er Geburtstag hat. So viele Kerzen könnten wir niemals auftreiben!“

Der Zoo ist stolz auf seine neue Attraktion, den Tyrannosaurus rex. Aber weil so ein Urtier gefährlich ist, haben sie ein Schild vor seinem Käfig für die Besucher angebracht: „Falls der Tyrannosaurus ausgebrochen sein sollte, gehen Sie schnellstmöglich in seinen Käfig und machen Sie die Tür fest hinter sich zu!“

Warum sollte man seinen Diplodokus nicht an der Bushaltestelle anleinen? – Weil es unfair gegenüber den anderen Fahrgästen wäre, es dem Diplodokus zu überlassen, wo die Bushaltestelle steht!

Sagt der eine Brachiosaurus zum anderen: „Dieser Baum schmeckt irgendwie komisch ...“ Sagt der andere: „Wenn das so ist: Von mir aus darfst du ruhig lachen beim Essen!“

Was ist grau, hat große Ohren und einen Rüssel? – Ein Diplodokus auf der Faschingsfeier!

Kommt ein Mann in die Buchhandlung und sagt: „Ich hätte gerne ein Buch über den Tyrannosaurus rex!“
Sagt die Buchhändlerin: „Wir sagen einfach kurz: T-Rex!“
„Ach, nicht mehr Buch?“

Ein Lystrosaurus hat sich in einer ihm unbekannten Gegend verirrt. Dann trifft er einen Einheimischen und sagt: „Verzeihen Sie bitte, ich kenne mich hier nicht aus und ...“
Der Einheimische schaut ihn freundlich an und sagt: „Keine Ursache. Schon verziehen!“

Ein Mann findet auf dem Flohmarkt den Schädelknochen eines Triceratops.
Er fragt den Verkäufer: „Ist das auch wirklich ein echter Schädel eines Triceratops?“
„Aber natürlich, mein Herr!“
„Und der kleine daneben, ist der auch von einem Triceratops?“
„Aber natürlich, mein Herr, von dem selben Triceratops, als er noch klein war!“

Warum kannten die Stegosaurier
keine Katzen? –
Weil es keine Miezhäuser gab!

Fragt der Quizmaster: „Was ist der Unterschied zwischen einem Struthiomimus?"
Kandidat: „Wie, zwischen einem Struthiomimus?"
Quizmaster: „Tut mir leid, helfen darf ich bei der Antwort nicht!"

Sagt der eine Elasmosaurus zum anderen:
„Nun hör mal auf, ständig: ‚Land in Sicht!' zu rufen – wenigstens, solange wir noch am Ufer sind!"

Sagt die Shonisaurus-Mutter zu ihrem Jüngsten: „Halt dich gerade beim Schwimmen oder willst du aussehen wie ein Rollmops?"

„Mein Compsognathus ist wirklich total intelligent", sagt die eine Nachbarin. „Wenn er reinwill, dann klingelt er einfach."
Die andere antwortet: „Meiner hat das nicht nötig, er besitzt seinen eigenen Haustürschlüssel!"

Zwei Jäger sind im Gespräch. Der eine schlägt vor, einen Allosaurus zu jagen.
„Wie willst du das denn bitte machen?", fragt der andere nach.
„Ganz einfach: Wir nehmen ein Fahrrad und eine Telefonzelle und gehen in ein Gebiet, in dem sich Allosaurier aufhalten und stellen die Telefonzelle auf. Dann fahre ich mit dem Fahrrad immer um die Telefonzelle herum und klingele dabei ab und zu. Dann wird der Allosaurus denken, dass das Telefon klingelt, wird die Telefonzelle betreten und den Hörer abehmen. Und dann kommst du und machst einfach die Tür zu!"

Fragt ein Mann seinen Nachbarn:
„Beißt Ihr neuer Velociraptor eigentlich?“
„Natürlich, aber keine Angst, er ist ausgesprochen wählerisch!“

Was machen zwei alte Triceratops im Steinbruch? –
Sie suchen sich einen Platz für die Ewigkeit!

Warum konnten Sauropoden keine Milch geben? –
Weil ihnen klar war, dass es keinen Sinn hat, ihre Eier zu säugen!

Fragt ein Troodon einen Taxifahrer:
„Wissen Sie, wie ich am schnellsten ins Museum komme?“
Der Taxifahrer antwortet:
„Sterben Sie doch einfach aus!“

Ein Archaeopteryx fragt seinen Artgenossen:
„Wo fliegst du denn hin?"
„Zur Sonne!"
„Aber das ist doch viel zu heiß!"
„Ja, tagsüber schon, aber jetzt ist es ja schon Abend!"

„Sie haben gesagt, dieser Compsognathus wäre wirklich aufmerksamer als jeder Wachhund! Aber heute Nacht wurde eingebrochen und man hat mir 100 Euro gestohlen!"
„Nun, was sind schon 100 Euro? Das ist eben kein Betrag, wegen dem ein Compsognathus gleich Alarm macht!"

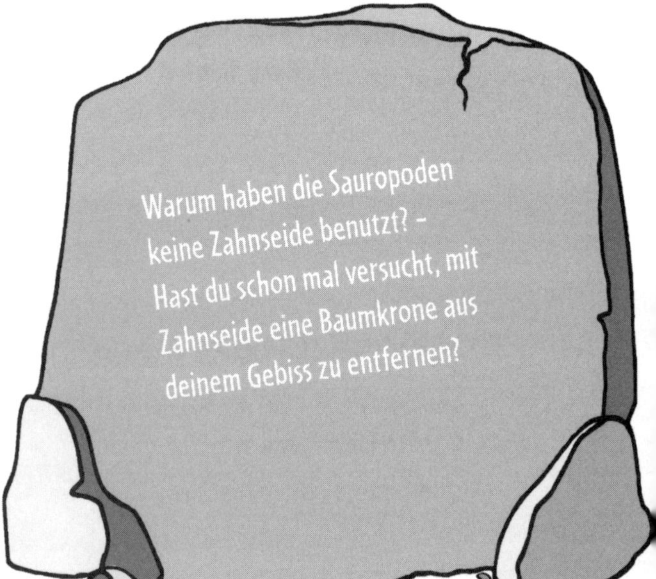

Bei den Schmidts sitzt ein Scutellosaurus mit einer Zeitung auf dem Sofa. Ein Besucher fragt Herrn Schmidt:
„Ach, Ihr Scutellosaurus kann Zeitung lesen?"
„Nein, aber er guckt sich mit großem Vergnügen die Bilder an!"

Der kleine Velociraptor kommt mit einem Knochen im Maul nach Hause und sagt: „Guck mal, den hat ein Tyrannosaurus verloren."
„Bist du sicher, dass den ein Tyrannosaurus verloren hat?"
„Aber sicher, ich hab doch genau gesehen, wie er ihn gesucht hat!"

Ruft ein Autofahrer bei der Polizei an und meldet:
„Vor mir läuft ein Struthiomimus auf der Autobahn!"
„Ein Struthiomimus? Das kann ich kaum glauben, die sind doch längst ausgestorben!", sagt der Polizeibeamte.
„Ja, ein Struthiomimus, wenn ich es Ihnen doch sage. Er ist schon fix unterwegs, aber er schafft auch nicht mehr als 80 km/h, und das auf der Überholspur, von der er einfach nicht runter will!"

Wie kommt ein Diamantinasaurus auf einen Eichenbaum? – Er sucht sich eine Eichel, stellt sich drauf und wartet ein paar Jahrzehnte!

Früh morgens im Zoo fragt der Sohn seinen Vater:
„Warum macht denn der Tyrannosaurus rex so ein trauriges Gesicht?"
„Weil noch kein Aas da ist!"

„Früher war ich ein Zwilling", sagt das kleine Iguanodon zu seinem Freund.
„Wie kommst du denn darauf?"
„Meine Mutter sagte neulich, sie erinnert sich noch ganz genau, wie ich aussah, als ich noch zwei war!"

Sagt der Wissenschaftler zu seinem Kollegen:
„Musst du denn auch aus jeder Bernsteinmücke gleich einen Sauropoden machen?"

„Du traust dich nicht, allein zu dem leckeren frischen Gras in die dunkle unheimliche Schlucht zu gehen“, sagt der Triceratops zu seinem Gefährten.

„Natürlich traue ich mich das!“

„Dann geh doch!“

„Klar, geht gleich los ...“

„Na, was ist denn nun, Feigling?“

„Komm doch mit, dann zeige ich dir, dass ich es mich allein traue!“

Ein verzweifelter Mann fragt seinen Nachbarn:
„Ich habe einen Ankylosaurus im Keller, was soll ich machen?"
„Streu einfach frisches Laub vom Keller bis in den Garten.
Der Ankylosaurus wird der Spur bis ins Freie folgen und du bist ihn los!"
Am nächsten Tag fragt der Nachbar, ob sein Tipp wirkungsvoll gewesen sei.
„Nun, nicht so richtig, jetzt habe ich zwei Ankylosaurier im Keller!"

Wie heißt eine lange Reihe nacheinander umfallender Dinosaurier? – Dinomino!

Ein Velociraptor kommt mit der Zeitung nach Hause.
Er hält sie fest zwischen seinen Zähnen und will sie nicht herausrücken.
Sein Herrchen schimpft mit ihm deswegen, aber sein Frauchen sagt: „Nun sei nicht so fies zu unserem Velociraptor, er hat die Zeitung geholt, also darf er sie auch als Erster lesen!"

Warum schlüpften die Brachiosaurier aus Eiern? –
Ja, wärst du etwa bei der Größe in dem engen Ei geblieben?

Erkundigt sich ein Nachbar:
„Und, wo schläft eigentlich Ihr Stegosaurus nachts?"
„Einfach neben mir im Bett, geht ganz gut so!"
„Haben Sie es gut, bei mir liegt an dieser Stelle
immer meine Frau."

Kommt ein Mann zum Arzt und sagt:
„Der Velociraptor meines Nachbarn hat mir
den kleinen Finger abgebissen!"
Darauf sagt der Arzt: „Das kann ja jeder behaupten,
aber die Diagnosen stelle hier immer noch ich!"

Kommt eine Frau in ihr Badezimmer und findet einen
Stegosaurus in der Badewanne.
Da fragt die Frau den Eindringling erstaunt:
„Was machen Sie in meiner Badewanne?"
„Ich bade, das sieht man doch ganz deutlich, oder?"
„Aber es ist gar kein Wasser in der Wanne!"
„Nein, es ist kein Wasser drin, ganz richtig, denn mein Arzt
hat mir Luftbäder verordnet!"

„Lässt Ihr Allosaurus eigentlich Fremde an sich heran?"
„Natürlich, irgendwie muss er sich ja ernähren!"

Ein Iguanodon beugt sich mit geschlossenen Augen über eine Wasseroberfläche.
Kommt ein zweites dazu und fragt: „Was machst du denn da?"
„Ich möchte wissen, wie ich aussehe, wenn ich schlafe!"

Verärgert und genervt sagt der Allosaurus:
„Nie wieder werde ich einen Taucher essen, ohne ihn vorher zu schälen. Dieses Gummizeug bleibt ja wirklich hartnäckig zwischen den Zähnen kleben!"

Kommt eine Frau zum Psychologen und klagt:
„Unser Iguanodon denkt, es wäre ein Turnierpferd!“
„Und das belastet Sie sicher sehr, oder?“, fragt der Arzt.
„Ja, das ist schon sehr seltsam und nicht immer ganz leicht auszuhalten, aber andererseits sind wir mittlerweile auch irgendwie darauf angewiesen.“
„Darauf angewiesen? Warum?“
„Nun ja, wir haben unseren Lebensstil schon sehr verändert, seitdem wir über die vielen Preisgelder verfügen ...“

„Wie können Sie es wagen, meinen Velociraptor zu treten? Er hat Sie doch nur beschnüffelt!“
„Denken Sie etwa, ich würde warten bis er ausprobiert hat, ob ich ihm auch schmecke?“

Fragt ein Zoobesucher einen Pfleger:
„Dieser Lystrosaurus dort, ist er männlich oder weiblich?“
Der Tierpfleger gibt zur Antwort:
„Das ist mir egal, wir haben nämlich nur den einen!“

Was sagt ein Cetiosaurus, wenn er wütend wird?
– „Oh, da krieg ich soooooo 'nen Hals!“

Ein Triceratops trifft seinen besten Freund.
Er sagt: „Meine Frau sagt, ich verbringe zu viel Zeit mit dir. Sie meint, ich muss mich entscheiden, du oder sie ... Na ja, eigentlich war sie ganz nett, ich werde sie ein bisschen vermissen ...“

Der Tierarzt sagt zum Iguanodon: „Ihr Unterschenkelknochen ist sehr gut verheilt, Sie werden wieder alles damit machen können!“
„Werde ich auch auf Bäume klettern können!“
„Ja, Sie können alles machen!“
„Das ist ja witzig, ich war noch nie auf einem Baum!“

Wie putzt sich ein Lystrosaurus seine Zähne? –
Erst Grundreinigung mit dem Besen, dann schmirgeln und polieren!

Der Zoohändler sagt zum Kunden: „Dieser Scutellosaurus ist wachsamer als jeder Hund. Vor Einbrechern müssen Sie mit ihm keine Sorge haben!“
„Aber er kann doch vermutlich überhaupt nicht bellen!“
„Das nicht, aber im Falle eines Einbruchs wird er sich sofort unters Sofa verkriechen, und wenn Sie das beobachten, wissen Sie Bescheid!“

Wann kriegt man drei Diplodoken unter einen Regenschirm und das ohne, dass sie nass werden? –
Wenn es nicht regnet!

Ein Bauer beobachtet seinen Nachbarn, wie er seinen Stegosaurus vor den Karren spannt und ihm zuruft: „Los, Karlchen zieh! Charlie, mach schon, zieh! Magnus, hau rein, gib alles!"
Da fragt ihn der Bauer von nebenan: „Haben Sie den Namen von Ihrem Tier vergessen?"
„Nein, aber wenn er merkt, dass er allein ziehen soll, versucht er es erst gar nicht!"

Elf Iguanodons wollen ins Kino und denken sich:
„Mist, der Film ist erst ab zwölf!"

Der kleine Ignatz kommt nach Hause und erzählt seiner Mama:
„Mama, Mama, ich habe eben einen Protoceratops vor der Apotheke gesehen!"
„Das kann nicht sein, das war wohl ein Irrtum!"
Seitdem erzählt Ignatz immer: „Es war unglaublich, ich habe vor der Apotheke einen Irrtum gesehen!"

Kommt der Hahn in den Hühnerstall.
Er rollt ein Sauropodenei vor sich her und meint:
„Meine Damen, ich will ja nicht meckern, aber seht mal, was anderswo geleistet wird!"

„Sagen Sie, beißt Ihr Velociraptor eigentlich?"
„Nein, so etwas macht er nicht!"
„Und wie ernährt er sich dann?"

Christian erzählt, wie er von seinem Struthiomimus überrannt wurde. Er hatte höllische Schmerzen. Sein Freund Kalle will wissen, was dann passiert ist.
„Dann hat mich das Tier mit Erster Hilfe versorgt und mit dem Telefon professionelle Hilfe gerufen!"
„Das ist ja unglaublich, was für ein intelligenter Struthiomimus!"
„Eigentlich nicht, er hat den Tierarzt gerufen!"

Was ist schlimmer als ein Elefant im Porzellanladen? –
Ein Argentinosaurus im Porzellanladen!
Was ist schlimmer als ein Argentinosaurus im Porzellanladen? –
Zwei Argentinosaurier im Porzellanladen!

Günther kommt mit seinem Iguanodon in die Schule. Der Lehrer ermahnt ihn: „Das kannst du nicht machen, lass das Iguanodon zu Hause, denk an den Gestank!“ „Ach“, meint Günther, „so etwas hält ein Iguanodon schon aus!“

„Papa, schreibt man ‚Tyrannosaurus‘ mit ‚y‘?“
„Keine Ahnung, schreib einfach ‚T-Rex‘!“

Der Ehemann beschwert sich bei seiner Frau: „Du denkst überhaupt nicht mehr an mich, sondern immer nur an unser Iguanodon! Ich wette, du weißt nicht einmal mehr, wann wir geheiratet haben!" „Doch, natürlich, das war einen Tag, nachdem das Iguanodon das erste Ei gelegt hatte!"

Zwei Troodons wollen in die Oper.
Als sie gefragt werden, ob sie ein Textbuch kaufen wollen, beraten sie sich und antworten dann:
„Nein danke, es ist wohl besser, wenn wir nicht mitsingen!"

Fragt der Richter den Angeklagten:
„Was haben Sie sich nur dabei gedacht, als Sie den Scutellosaurus gestohlen haben?"
„Er war an einem Baum vor dem Friedhofstor angebunden und da dachte ich, der Besitzer wär verstorben!"

„Kaufen Sie Lose, kaufen Sie Lose!“
„Was ist denn der Hauptgewinn?“
„Ein Iguanodon!“
„Was soll ich denn damit, ich will kein Iguanodon!“
„Machen Sie sich keine Sorgen, fast alle Lose sind sowieso Nieten!“

Was will ein schwangeres Iguanodon im Elektrogeschäft? – Eine Legebatterie!

Dirk hat sich beim Raufen mit seinem Velociraptor verletzt. Beim Arzt muss die Wunde genäht werden. Währenddessen fällt Dirk ein: „Und wenn Sie schon einmal dabei sind, Herr Doktor, könnten Sie doch auch noch schnell den Riss in meiner Hose nähen!“

Was ist der Unterschied zwischen einem Ankylosaurus und einem Keks? –
Man kann den Ankylosaurus auf keinen Fall in den Tee einstippen!

„Mama, ich habe ein Bild von unserem Suchomimus gemalt, meinst du, ich sollte es ihm zeigen?"
„Um Gottes willen, Kind, besser nicht, er ist wirklich sehr eitel und ausgesprochen nachtragend!"

Steht ein Junge an der Bushaltestelle und wartet. Der Bus kommt nicht. Doch dann kommt ein Stegosaurus vorbei und bietet ihm an: „Ich kann dich gerne ein Stückchen mitnehmen. Spring einfach auf und halt dich an meinen Rückenplatten fest." Am Ziel angekommen sagt der Stegosaurus: „Das macht dann vier Euro!" „Was?", sagt der Junge. „Der Bus hätte nur drei Euro gekostet und mehr habe ich nicht dabei!" „Der Bus kam aber nicht und bis hierher koste ich eben vier Euro!" „Na dann", sagt der Junge, „bitte wieder ein Stück zurück, bis wir wieder bei drei Euro sind!"

Geht ein Suchomimus ins Restaurant und bestellt Huhn. Aber der Ober sagt: „Hühner sind leider ausgegangen!" Da antwortet der Suchomimus: „In Ordnung, ich habe Zeit, wann kommen sie denn wieder?"

„Wie geht es deinem Struthiomimus?"
„Der geht nicht, der rennt geradezu!"
„Wie rennt er denn?"
„Es geht."

Fragt der Nachbar über den Gartenzaun:
„Herr Schelsky, ist das Ihr Troodon, das da die ganze Zeit rumbrüllt?"
„Natürlich, ich selbst hätte überhaupt keine Zeit dazu!"

Was bedeutet es, wenn ein Iguanodon vor der Tierarztpraxis steht und sich kräftig den Bauch schüttelt? –
Es hat sein Medikament bekommen und der Arzt hat vergessen, vorher die Flasche zu schütteln!

Sitzt ein hungriger Troodon im Restaurant und wartet darauf, bedient zu werden. Aber der Kellner erscheint nicht.
Irgendwann taucht er doch auf und der Troodon fragt:
„Sie wollen mich wohl verhungern lassen, wie?"
„Nein", sagt der Kellner, „so weit wird es nicht kommen, wir schließen in zehn Minuten!"

„Der Husten hört sich schon viel besser an",
lobt der Tierarzt den Panoplosaurus.
„Nun", entgegnet der Patient, „ich habe es jetzt
ja auch schon lange genug geübt!"

Warum haben Brachiosaurier so lange Hälse? –
Weil ihre Füße nicht gut riechen!

Der Lehrer testet die kleine Fiona:
„Wie viele Augen hatte ein Ankylosaurus?“
Fiona: „Zwei!“
Lehrer: „Und wie viele Beine?“
„Vier natürlich!“
Lehrer: „Und welche Beine sind länger,
die Hinter- oder die Vorderbeine?“
Fiona: „Die Hinterbeine! Meine Güte,
haben Sie denn noch nie einen
Ankylosaurus gesehen?“

Die beiden Hausscutellosaurier der Teichmanns unterhalten sich. Der eine fragt: „Wo ist denn der alte Teichmann? Er könnte uns langsam mal das Futter hinstellen!"
„Fürwahr, das sollte er, aber er ist schon seit Stunden in ein Buch vertieft und anscheinend völlig gefesselt."
„Mist, gefesselt kann er jetzt auch nicht für Futter sorgen!"

Streifen zwei Dimetrodons durch den Wald.
Fragt der eine: „Meinst du, es gibt hier Waldmeister?"
„Keine Ahnung", entgegnet der andere, „aber einen Oberförster habe ich hier zumindest schon mal gesehen."

Die Panoplosaurier haben es nicht leicht, die moderne Welt zu begreifen. Als zwei von ihnen in ein Dorf kommen, fällt ihnen auf, dass alle Hütten aus Holz sind. Nach einigen Überlegungen kommen sie zu dem Schluss, dass die Menschen die Steine wohl für die Berge brauchten!

Was ergibt ein Brachiosaurus im Tomatenacker? – Ketchup!

Sagt der Zahnarzt zum Iguanodon: „Zähne und Zahnfleisch sind in Ordnung, aber den Kaugummi sollten Sie mal erneuern!“

Unterhalten sich zwei Freunde.
Der eine fragt: „Wie kommt es eigentlich, dass du beim Pokern immer gewinnst und beim Triceratops-Rennen immer verlierst?“
Antwortet der zweite: „Versuch du doch mal, einen Triceratops im Ärmel zu verstecken!“

„Warum hast du deinem Ankylosaurus eigentlich eine Brille mit grünen Gläsern aufgesetzt?“
„Ich hatte kein frisches Gras mehr für ihn und er sollte es nicht merken!“

Kennst du den Unterschied zwischen einem Troodon und einem Toaster? Nein? Dann pass bloß auf, wenn du mal einen Toaster kaufen willst. Nicht dass sie dir einen Troodon andrehen ...

Einem Lystrosaurus im Restaurant schmeckt das Essen überhaupt nicht.
Er bittet den Kellner: „Holen Sie den Koch!"
Der Kellner sagt: „Das kann ich gerne tun, aber ich bezweifle, dass der Ihnen besser schmecken wird!"

Zwei Scutellosaurier treffen sich.
Der eine fragt: „Wie bist du denn hergekommen, auf einem Sauropoden?"
„Warum?"
„Du siehst so mitgenommen aus!"

Ein Ankylosaurus soll für sein Herrchen einkaufen gehen.
Im Laden sagt er: „Ein Kilo Milch, bitte!"
„Milch wird nicht gewogen, sondern abgemessen!"
„Gut, dann eben einen Meter Milch!"

Warum gehen Ampelosaurier nicht ins Kino? – Sie würden ja gerne und sie kaufen auch Karten, aber am Eingang zum Kinosaal steht immer einer, der reißt sie wieder durch!

Der Physiklehrer erklärt: „Wenn man einer Katze über das Fell streicht, dann entsteht Elektrizität."
Fragt die kleine Kira: „Ist ein Mammut dann so etwas wie ein Elektrizitätswerk?"

Als der Argentinosaurus einen Musiker sah, der aus Versehen seine Mundharmonika verschluckte, hörte er auf, Klavier zu spielen.

Am Velociraptor-Käfig im Zoo hängt ein Schild:
„Bitte nicht füttern. Die Zooleitung!“
Darunter hängt ein zweites Schild:
„Bitte das Schild oben nicht so ernst nehmen.
Der Velociraptor!“

Was passiert, wenn ein grauer Brachiosaurus ins Rote Meer springt? – Er wird nass!

Jana spielt mit ihrem Scutellosaurus Arzt und Patient. Da kommt die Mutter ins Zimmer und fragt erstaunt: „Warum sitzt der Saurier denn auf dem Schrank?“ Jana antwortet: „Ach, der wurde zur Erholung in die Berge geschickt!“

„Mein Compsognathus ist total pfiffig“, prahlt Hans vor seinem Freund Klaus. „Warum?“, fragt Klaus. „Er hat ein 150-Teile-Puzzle in vier Wochen geschafft, obwohl auf der Packung ‚6 bis 8 Jahre‘ stand!“

Herr Kicher guckt nach oben und ruft dem Brachiosaurus zu: „Von dort oben müssen die Menschen ja wie kleine Käfer aussehen!" Der Brachiosaurus antwortet nach unten Richtung Kicher: „Nein, mein Herr, da muss ich Sie enttäuschen, für einen Käfer haben Sie eindeutig zu wenig Beine. Eigentlich sehen auch von hier oben nur kleine Käfer wie kleine Käfer aus ..."

Läuft ein Velociraptor an einer Steckdose vorbei und denkt sich: „Arme Sau, sie haben das Schwein eingemauert!"

Kommt ein Compsognathus zum Tierarzt und sagt:
„Herr Doktor, ich bin viel zu klein, die anderen Saurier beachten mich überhaupt nicht."
Sagt der Arzt: „Der Nächste, bitte!"

Sagt der Polizist zum Velociraptor: „Hey, Sie sind doch das komische Tier, das vorhin die Limousine gestohlen hat!"
„Nein, das bin ich nicht, Sie können mich gerne durchsuchen!"

Fragt der eine Brachiosaurus den anderen:
„Wie funktioniert eigentlich ein Gehirn?"
Der andere antwortet: „Keine Ahnung, ich hab was anderes im Kopf!"

Frau Käse kommt nach Hause und schimpft:
„Wieder im Lotto keine Zahl richtig!"
Sagt ihr Stegosaurus: „So geht es mir beim Rechnen auch immer!"

Warum gehen Brachiosaurier nicht Bowling spielen? – Hast du etwa schon mal Bowlingschuhe gesehen, die groß genug wären?

Warum vergessen Brachiosaurier niemals etwas? – Weil ihnen auch noch nie jemand was gesagt hat!

Frau Troll ruft bei den Luhmanns an.
Es geht der kleine Scutellosaurus der Luhmanns ans Telefon und meldet sich mit leiser, gehauchter Stimme.
Frau Troll: „Hallo, kann ich mal dein Frauchen sprechen?"
Scutellosaurus: „Geht nicht, sie ist beschäftigt!"
Frau Troll: „Und Herrchen?"
Scutellosaurus: „Auch beschäftigt!"
Frau Troll: „Und sonst ist niemand da?"
Scutellosaurus: „Nur die Polizei und die Feuerwehr!"
Frau Troll: „Meine Güte, was ist denn passiert? Kann ich mal einen Polizisten sprechen?"
Scutellosaurus: „Nein, sie sind sehr beschäftigt!"
Frau Troll: „Was machen die denn alle?"
Scutellosaurus: „Sie suchen mich!"

Kommt ein Mann zum Uhrmacher und sagt:
„Bitte reparieren Sie mein Iguanodon!“
Der Uhrmacher antwortet:
„Guter Mann, ich bin kein Tierarzt, sondern Uhrmacher.“
Der Mann lässt sich jedoch nicht beirren und sagt:
„Ich weiß, aber das Tier bleibt alle fünf Minuten stehen!“

Ein Triceratops kommt aufgeregt zu seiner Familie und berichtet: „Unser Onkel ist in die Schlucht mit den Tyrannosauriern gefallen!" „Keine Angst", beruhigen ihn die andern, „die Tyrannosaurier werden schon auf sich aufpassen!"

Ein Archaeopteryx kickt eine Schnecke vom Ast.
Eine Woche später sieht er sie wieder auf demselben Ast und die Schnecke meckert ihn an: „Ey, was sollte das denn eben?"

Ein Mamenchisaurus unterhält sich mit einer Maus über die Lage am Arbeitsmarkt: „Also, die Baubranche boomt und ich kann als Kran arbeiten!"
Sagt die Maus: „Glückwunsch, ich komme höchstens noch als Computermaus infrage und da wird man nur hin und her geschoben!"

Woran sieht man, dass ein Brachiosaurus den Weg entlanggelaufen ist? –
Es gibt am Wegesrand an den Bäumen und Sträuchern keine Blätter mehr!

Stellt sich ein Triceratops in einer Apotheke auf die Waage.
Verwirrt sagt er zu der Apothekenhelferin: „Ihre Waage ist wohl kaputt."
„Ach ja?", fragt sie.
„Ja", sagt der Triceratops, „da steht: ‚Bitte nur eine Person'!"

Sagt der Tierarzt zum Diplodokus: „Sie müssen dringend abnehmen. Essen Sie nicht mehr als 10.000 Kalorien am Tag!"
Fragt der Diplodokus: „Na gut, vor oder nach den Mahlzeiten?"

Unterhalten sich zwei Velociraptoren:
„Was macht denn Herrchen bei dem Regen mit einem Schirm und einer Gießkanne im Garten?"
„Na, ist doch klar, er gießt die Blumen, will aber nicht nass werden!"

Sagt Frauchen zu ihrem Velociraptor:
„Bevor wir dich zum Zahnarzt bringen, musst du dir die Zähne noch gründlich putzen!"
„Auch den, den er ziehen will?"

Tommi und Niklas spielen auf dem Spielplatz.
Plötzlich kommt ein Velociraptor und verfolgt die beiden.
Tommi flüchtet sich auf einen Baum.
Niklas läuft im Kreis um den Sandkasten.
Tommi ruft seinem Freund zu:
„Komm schnell auf den Baum, sonst hat er dich!“
Doch Niklas ist guter Dinge:
„Keine Angst, mein Freund, ich habe noch mehrere Runden Vorsprung!“

Sitzt ein Triceratopsskelett im Restaurant.
Kommt der Kellner und sagt:
„Entschuldigen Sie bitte,
dass sie so lange warten mussten!“

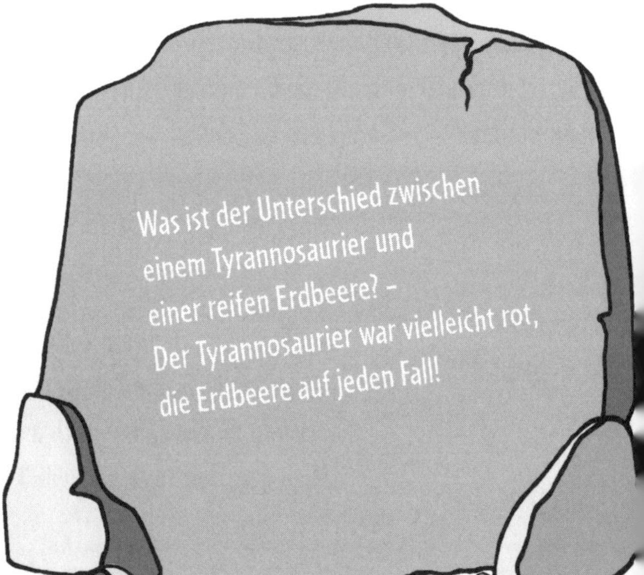

„Zu Weihnachten wünsche ich mir ein richtiges Gewehr", sagt der kleine Scutellosaurier zu seinem Herrchen.
„Ich höre wohl nicht recht!", ruft dieser entsetzt. „Das kommt gar nicht infrage!"
„Ich wünsche mir aber eins!", quengelt der Scutellosaurus. „Eines, mit dem ich richtig schießen kann."
„Jetzt reicht es mir aber, ich will kein Wort mehr davon hören!", schimpft das Herrchen verärgert. „Habe ich hier das Sagen oder du?"
„Natürlich du, aber wenn ich ein richtiges Gewehr hätte ..."

„Ich habe mir ganz allein eine Gitarre gebaut", sagt der Velociraptor zum Herrchen.
„Das ist ja toll! Aber sag mal, woher hast du denn die Saiten?"
„Aus deinem Klavier natürlich, das war ja voll davon!"

Warum fressen Tyrannosaurier keine Großstadtbewohner? – Zu viele Schadstoffe!

Ein Brachiosaurus wird von der Polizei angehalten.
Polizist: „Können Sie sich identifizieren?“
Der Brachiosaurus betrachtet sich in einem spiegelnden Schaufenster und sagt: „Ja, ich bin‘s!“

Fragt das kleine Iguanodon beim Zubettgehen seine Mama: „Darf ich noch ein bisschen lesen?“
„Nein,“ sagt die Mama, „wir müssen sparsam mit den Glühwürmchen umgehen!“

Ein Igunaodon ist im Schuhgeschäft und sagt zum Verkäufer: „Der passt ganz gut. Bringen Sie mir bitte noch den linken dazu?“
Da sagt der Verkäufer: „Entschuldigen Sie, aber wenn ich Sie darauf aufmerksam machen dürfte, dass Sie gerade mit dem rechten Fuß im Schuhkarton stehen ...“

Was sagte der Triceratops, als er hörte,
dass der Allosaurus schon ausgestorben sei? –
„Gott sei Dank!“

Der Lehrer fragt seine Klasse:
„Angenommen, ein ausgewachsener Brachiosaurus wiegt 25.000 Kilogramm, wie viel wiegt ein Dinosaurier, der nur halb so schwer ist?"
Sofort meldet sich Jenny in der letzten Reihe und sagt:
„25.000 Pfund!"

Ein Iguanodon sieht eine Fliege auf einem Kuhfladen und fragt:
„Soll ich dir eine Geschichte erzählen?"
„Gerne," sagt die Fliege, „aber bitte nichts Ekliges, ich esse gerade!"

Essen zwei Tyrannosaurier einen Clown.
Sagt der eine: „Schmeckt irgendwie komisch!"

Warum gibt es in Museen so viele alte Dinosaurierknochen? –
Weil neue Knochen nicht so echt aussehen würden!

Anruf bei einem Zirkusdirektor:
„Brauchen Sie vielleicht einen sprechenden Brachiosaurus?"
Der Direktor antwortet: „Nein, brauchen wir nicht!", und legt auf.
Der Anrufer ist wenig später erneut am Telefon und fragt:
„Könnten Sie vielleicht einen sprechenden Brachiosaurus in Ihrer Show gebrauchen?"
Der Zirkusdirektor legt diesmal gleich genervt auf.
Einige Zeit später, derselbe Anrufer. Er sagt: „Nun legen Sie bitte nicht gleich wieder auf, meine Füße sind dreimal so groß wie das Telefon und Sie können sich gar nicht vorstellen, wie schwer es damit ist, die Nummer richtig zu wählen!"

Ein kleines Iguanodon steht vor einem Löwen und einem Jaguar, was macht es? –
Es lenkt den Löwen ab und fährt mit dem Jaguar davon!

Sagt die Brachiosaurus-Mama zu ihrem Kleinen: „Geh nicht zu nah an die harzigen Bäume, sonst endest du noch als Bernsteinfossil!“

Wollen zwei Velociraptor ins Kino.
Sagt der eine: „Hey, Mist, siehst du das Schild da: ‚Kein Zutritt für Dinosaurier!‘“
Entgegnet der andere: „Egal, die anderen Dinosaurier tun doch auch so, als ob sie nicht lesen könnten!“

Kommt ein Brachiosaurus mit einem Archaeopteryx auf der Schulter zu seinen Freunden.
Die fragen: „Wo hast du den denn her?“
Der Archaeopteryx antwortet: „Ach, der stand im Wald herum.“

Wie schnell muss der Protoceratops rennen, wenn ein Velociraptor hinter ihm her ist? – Einen Schritt schneller als sein Verfolger!

Kommt ein Spinosaurus in eine Milchbar und bestellt einen Milchshake.
Sagt der Barkeeper: „Tut mir leid, aber wir bedienen hier keine Saurier!“
Am nächsten Tag kommt der Spinosaurus wieder und bestellt erneut einen Milchshake.
Der Barkeeper ist mittlerweile genervt und sagt:
„Ich hab’s dir gestern schon gesagt, und Saurier kriegen hier immer noch nichts, und wenn du noch mal kommst, nagel ich dir dein Rückensegel an die Wand!“
Tags darauf kommt der Spinosaurus wieder, lehnt sich gegen die Wand und fragt: „Habt ihr Nägel?“
Der Barkeeper antwortet: „Nein!“
„Gut“, sagt der Spinosaurus, „dann nehm ich einen Milchshake!“

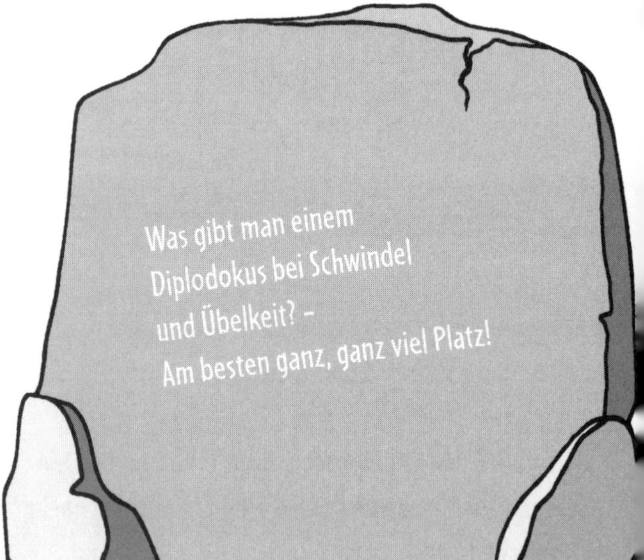

Ein Wissenschaftler entdeckt auf seiner Forschungsreise auf Island die letzten überlebenden Exemplare des Tyrannosaurus rex!
Zu seiner Verwunderung haben sie die menschliche Sprache erlernt und er macht sofort ein Interview:
„Man sagt ja, ihr seid gar keine Jäger gewesen, sondern hättet nur Aas gefressen. Wie war es wirklich?"
Nach ein paar Augenblicken antwortet einer:
„Nun ja, in Wahrheit haben wir sogar heimlich Pflanzen gegessen, aber es waren eben wilde Zeiten damals und mit dem schrecklichen Ruf, den sich unsere Väter zugelegt haben, hatten wir vor den anderen endlich unsere Ruhe!"

Welcher Dinosaurier ist gelb-schwarz angezogen, singt Lieder und fliegt durch die Gegend? – Der Dino-Maja!

Steht ein Iguanodon an der Theaterkasse und will eine Eintrittskarte kaufen.
Sagt die Kassiererin erstaunt:
„Na, so was, ein sprechendes Iguanodon!"
Das Iguanodon antwortet:
„Keine Angst, während der Vorstellung halte ich brav die Klappe!"

Was macht ein Brachiosaurus, wenn er eine Schlange sieht? – Hinten anstellen!

Der kleinen Susi ist ein Iguanodon zugelaufen und sie hält es seitdem als Haustier und nimmt es mit auf ihre Reise zum Amazonas. Mitten im Urwald fallen sie zusammen in ein dunkles Loch im Boden, aber alle Anstrengung hilft nichts: Sie kommen nicht heraus. Die Nacht bricht herein, es ist dunkel und die Geräusche des Urwalds werden immer unheimlicher.

Da sagt Susi zu ihrem Iguanodon: „Mensch, das ist wirklich die schlimmste Patsche, in die wir je geraten sind!"

„Ja", antwortet das Iguanodon, „das sieht wirklich nicht gut für uns aus!"

Fast erschrocken stellt Susi fest: „Meine Güte, ich wusste gar nicht, dass du sprechen kannst!"

„Nun ja ...", antwortet das Iguanodon mit zarter Stimme. „Ich habe auf den richtigen Moment gewartet, damit herauszurücken!"

Sauropoden können auch bedauernswert sein.
Ein Brachiosaurus kommt nach Hause und sieht scheußlich aus.
Seine Familie fragt ihn: „Alles okay mit dir?"
Er antwortet: „Geht schon, ich habe die S-Bahn genommen und mir ist ein wenig schlecht, weil ich rückwärts fahren musste."
„Oh! Warum hast du nicht dein Gegenüber gefragt, ob ihr die Plätze tauschen könnt?"
„Mein Gegenüber?", fragt der Haussaurier erstaunt, „da war kein Gegenüber und versuch du mal, dich zu drehen, wenn sich schon links und rechts die Türen gegen deine Hüften quetschen!"

Was macht der Triceratops,
wenn er den Tyrannosaurus sieht? –
Er hofft, dass der ihn nicht sieht!

Eine Brachiosaurusdame gibt mit ihrer jugendlichen Schönheit an: „Mein Freund hat gesagt, ich hätte eine Haut wie ein Pfirsich!" „Mag sein, aber wer will schon wie ein hundertfünfzig Jahre alter Pfirsich aussehen?"

Wie nennt man ein untätiges Fossil? – Fauler Knochen!

Ein Mann fragt den Tierarzt:
„Unser Iguanodon hat Sand und Zement von einer Baustelle in der Nachbarschaft gefressen! Was sollen wir jetzt bloß machen?" Der Veterinärmediziner antwortet: „Vor allem merken Sie sich eines: Geben Sie ihm auf keinen Fall etwas zu trinken!"

Kommt ein Pteranodon in eine Bar.
Fragt der Barkeeper: „Warum so ein langes Gesicht?"

Denkt sich ein Tyrannosaurus mit Bauchschmerzen:
„Ich hätte den Typen erst vom Fahrrad absteigen lassen sollen, bevor ich ihn fresse!"

Kommt ein Mann in die Zoohandlung und stellt zu seiner Überraschung fest, dass es drei Pteranodons zu kaufen gibt. Der Mann sagt zum Verkäufer: „Meine Güte, Pteranodons! Davon hätte ich gerne einen!"
„O. k.," sagt der Verkäufer „der da kostet 100 Euro, der dort drüben 200 und der ganz rechts kostet 1.000 Euro."
„Mensch, Meier," antwortet der Kunde „die sehen alle gleich aus, warum dieser Preisunterschied?"
Der Verkäufer erklärt: „Nun, der da ganz links kann einen ordentlichen Gleitflug und holt deshalb fix die Zeitung morgens."
„Nicht schlecht!", meint der Kunde. „Und der in der Mitte, warum kostet der mehr?"
„Tja", sagt der Verkäufer, „der fliegt noch besser, ist auch noch intelligenter und macht Ihre kompletten Einkäufe, wenn Sie wollen!"
„Wow!", meint der Kunde, „aber der letzte, warum kostet der gleich 1.000 Euro?"
„Ehrlich gesagt", meint der Verkäufer, „hat der noch nie was Besonderes gemacht, aber die anderen beiden sagen ‚Chef' zu ihm."

Zwei Tyrannosaurier im Zoo.
Fragt der eine: „Was sind das für seltsame Kreaturen, die uns hier die ganze Zeit anstarren?"
„Mach dir keine Sorgen", sagt der andere, „die sind ja hinter Gittern!"

Kommt ein Mann in die Zoohandlung und möchte seinen sprechenden Archaeopteryx gegen einen neuen umtauschen.
„Aber warum denn das?", erkundigt sich der Verkäufer.
„Er erzählt die ganze Zeit alte Witze!"
„Und das stört Sie?"
„Ja, die kenn ich jetzt alle und will neue hören!"

Warum starben die Dinosaurier in der Kreidezeit aus? – Mit der Kreide kam die Tafel und mit der Tafel die Schule, und dann hatten sie endgültig keine Lust mehr!

Kommt ein Mann zum Tierarzt und erklärt: „Mein Dinosaurier kann es nicht lassen diese modernen Kleinwagen zu jagen!“ „Ach“, sagt der Arzt, „nicht so schlimm, das ist der natürliche Spieltrieb!“ „Denke ich mir auch“, sagt der Mann, „aber ich fürchte, er verdirbt sich so noch den Magen!“

Warum konnten die Brachiosaurier nicht rechnen? – Weil sie noch keine Äpfel und Birnen kannten!

Läuft eine Frau mit einem Scutellosaurus an der Leine herum. Fragt ein Passant: „Wo haben Sie den denn her?“ Darauf die Frau: „Tja, komisch nicht wahr, müssten eigentlich längst ausgestorben sein, aber dieser ist mir im Urlaub zugelaufen!“ Der Passant erwidert irritiert: „Dann bringen Sie ihn doch in den Zoo.“ Darauf antwortet die Frau: „Da war ich ja gerade mit ihm und jetzt will er ins Kino!“

Unterhalten sich zwei Freunde. Sagt der eine:
„Neulich im Zirkus sprang ein Cetiosaurus in eine Cola-Flasche!"
„Aber das war doch bestimmt ein Trick, oder?",
fragt der andere erstaunt.
„Na gut, er hat einen Trichter benutzt!"

Warum hatte der Tyrannosaurus so kleine Arme und Hände? –
Das reichte vollkommen, um das Getränk zum Essen zu halten!

Stehen eine Schnecke und ein Scutellosaurus
an einer verkehrsarmen Landstraße.
Der Scutellosaurus will rübergehen,
doch die Schnecke ermahnt ihn: „Bist du verrückt,
willst du überfahren werden? In zwei Stunden
fährt hier der Linienbus entlang!"

Was hat einen gepanzerten Rücken und dreht sich im Kreis? –
Ein Ankylosaurus beim Hammerwurf!

Der Panoplosaurus macht sich gut als neue Attraktion des Zirkus. Nur die Nummer mit dem Sprung durch den brennenden Reifen macht noch Schwierigkeiten – die Zuschauer hören den Dompteur deutlich sagen: „Los, springen sollst du, nicht pusten!"

Sitzt ein Deinonychos im Restaurant und bestellt ein Huhn. Sagt der Ober: „Tut mir leid, die Hühner sind uns ausgegangen!" Da springt der Deinonychos auf und fragt: „Wohin sind sie denn gegangen?"

Fragt der Tierpfleger den neuen Spinosaurus: „Und, wie gefällt es dir bei uns?" „Geht so", sagt der Spinosaurus, „die Gitter stören mich ziemlich!" Der Tierpfleger erklärt, dass das aus Sicherheitsgründen notwendig ist. „Sicherheitsgründe?", fragt der Saurier ungläubig. „Wer sollte schon Interesse haben, in einen Zoo einzubrechen?"

Sagt ein Tyrannosaurus zu einem Passanten: „Ich möchte gerne in den Zoo!" Der Passant antwortet: „Interessant, als was denn?"

Setzt sich ein Mammut neben einen Herrn auf die Parkbank. Der Herr rückt ein Stück weg und fragt: „Haben Sie Flöhe?" Sagt das Mammut entrüstet: „Ich bin doch kein Hund! Ich habe Läuse!"

Was frisst ein Tyrannosaurus, der gerade vom Zahnarzt kommt? – Den Zahnarzt!

Sitzen zwei Velociraptor vor einem Vogelkäfig.
„Der ist ja grün!“, sagt der eine. „Das ist überhaupt kein Kanarienvogel.“
„Da wäre ich mir nicht so sicher“, sagt der andere. „Vielleicht ist er einfach noch nicht reif!“

„Mein neuer Scutellosaurus ist echt klasse!“, sagt das Herrchen zu seiner Frau.
„Er bringt uns jeden morgen die Tageszeitungen, auch die, die wir gar nicht abonniert haben!“

Ein Mann möchte sich in der paläontologischen Zoohandlung einen Urzeitvogel kaufen.
Der Verkäufer deutet auf einen Archaeopteryx und sagt:
„Das ist ein ganz besonderes Exemplar, nicht ganz billig, aber unheimlich kompetent: Wenn Sie ihn am rechten Bein ziehen, sagt er Ihnen die Uhrzeit minus 150 Millionen Jahre, und wenn Sie am linken Bein ziehen, erklärt er Ihnen die Wetterlage vor 150 Millionen Jahren!“
„Und wenn ich an beiden Beinen ziehe?“ fragt der Mann.
Da antwortet der Vogel: „Dann falle ich von der Stange, du Trottel!“

Warum liefen die Elasmosaurier nicht Wasserski? –
Weil sie kein Gewässer mit ausrechender Neigung gefunden haben!

Ein Mann will im Auto über die Grenze.
Auf dem Beifahrersitz sitzt sein Archaeopteryx.
Der Zollbeamte klärt ihm auf:
„Sie dürfen keine lebenden Tiere einführen.
Kuscheltiere oder ausgestopfte Tiere würden gehen.“
Da sagt der Archaeopteryx zu seinem Herrchen:
„Komm jetzt bloß nicht auf dumme Gedanken ...“

Gehen zwei Spinosaurier mit ihren Jagdhunden auf Entenjagd. Doch der Erfolg bleibt aus. Nach einigem Grübeln haben sie den Grund dafür ausgemacht.
„Weißt du", sagt der eine, „so kann das nichts werden, wir werfen die Hunde einfach nicht hoch genug!"

Zwei Mamenchisaurier haben sich während eines Ringkampfes die Hälse fürchterlich verknotet.
Sagt der eine mit erstickter Stimme: „Betrüger! Der Einsatz des Kreuzknotens war nicht ausgemacht!"

Wem geht es schlimmer als einem Brachiosaurus mit Halsschmerzen? – Einem Tausendfüßler mit Fußpilz!

Bei einer Versteigerung steht ein Archaeopteryx zum Gebot. Ein Bieter erhält den Zuschlag bei 400 Euro.
Dieser sagt zum Auktionator: „So hoch wollte ich eigentlich gar nicht gehen, ich hoffe, der Vogel kann wenigstens sprechen!"
„Selbstverständlich, mein Herr, was glauben Sie, wer die ganze Zeit gegen Sie geboten hat?"

Was macht ein Argentinosaurus mit einem Waschlappen unter einem Wasserfall? – Eine kleine Katzenwäsche!

Streiten sich zwei Brachiosaurier, wer der Stärkere ist.
Sagt der eine: „Ich drücke eine Kartoffel in meiner Hand und übrig bleibt nur Kartoffelstärke!"
Sagt der andere: „Das ist doch gar nichts! Ich drücke einen ganzen Gemüseacker und übrig bleibt ein Brühwürfel!"

Unterhaltung zweier Nachbarn:
„Mein Iguanodon ist ziemlich an Politik interessiert, es liest jeden morgen die Zeitung!"
„Ja," antwortet der andere, „hat mir mein Triceratops schon erzählt!"

Wie ist der Grand Canyon entstanden? –
Durch eine Kreuzung aus einem Argentinosaurus und einem Maulwurf!

Sagt ein Dinosaurier zu einem Außerirdischen: „Solange du glaubst, dass wir alle ausgestorben sind, bezweifle ich auch eure Existenz!“

Ruft jemand beim Zirkus an und fragt: „Kann ich bei Ihnen arbeiten?“
Der Zirkusdirektor fragt zurück: „Ja, was kannst du denn so?“
Der Anrufer antwortet: „Ich kann jonglieren und Einrad fahren.
In Akrobatik bin ich auch nicht schlecht.“
Sagt der Zirkusdirektor: „Das ist aber ein wenig dürftig.“
„Mensch, was erwarten Sie von einem Lystrosaurus denn sonst noch alles?“

Ein Mann schickt seinen Diplodokus zum Preisboxen und rechnet sich gute Chancen auf viele Siege und Prämien aus. Doch der Sauropode sitzt nur in der Ecke rum und kaut gemütlich Blätter!
Nun reicht es dem Besitzer und er raunzt seinen Saurier an: „Willst du nun den Kampf oder den Friedensnobelpreis gewinnen?"

„Entschuldigen Sie, mein Herr, aber Ihr Pteranodon hat mir eben mein Portemonnaie weggeschnappt!"
„Aber Ihren Autoschlüssel haben Sie noch in der Tasche?"
„Ja!"
„Dann war es auch nicht mein Pteranodon!"

Was ist der Unterschied zwischen einem Nashorn und einem Triceratops? –
Mindestens ein Horn und ein paar Millionen Jahre!

Sagt das Zebra zur Giraffe: „Seit wann bildest du dir ein, ein Brachiosaurus zu sein?"
„Ach, schon seit ich ein ganz kleiner Brachiosaurus bin."

Sagt das Herrchen zu seinem Sauropoden:
„Ich halte dich schon seit Jahren finanziell aus.
Dabei bist du so stark und könntest prima
was dazuverdienen! Wenn du die Arbeit so liebst,
wie du sagst, warum findest du dann keine?"
Darauf der Sauropode: „Du weißt doch:
Liebe macht einfach blind!"

Fragt ein Velociraptor den Arzt: „Gestern habe ich zum ersten Mal Fisch probiert. Ist der eigentlich gesund?"
„Also, ich denke schon", sagt der Arzt. „Bei mir war jedenfalls noch kein kranker Fisch im Wartezimmer!"

Wie heißt der Ast, auf dem der Archaeopteryx sitzt? –
Asterix!

Fragt der Lehrer: „Nennt mir drei Dinge, die Eier enthalten."
Antwortet ein Schüler: „Pfannkuchen, Hühner und schwangere Dinosaurier!"

Beschwerde bei der Nachbarin:
„Ihr neuer Velociraptor hat meine Katze gegessen!"
„Oh, gut, dass Sie mir das sagen", antwortet die Frau,
„dann bekommt er heute nichts mehr!"

Sitzt ein Ehepaar beim Essen.
Die Frau beobachtet, wie ihr Mann ihrem Velociraptor
seinen Teller hinschiebt und fragt mürrisch:
„Du willst doch wohl nicht dieses hervorragende Gericht
verfüttern?"
„Nein", sagt der Mann, „ich will nur tauschen!"

Tim gibt bei seinem besten Freund an:
„Mein Triceratops ist wirklich folgsam.
Wenn ich rufe: ‚Komm jetzt her oder nicht!',
kommt er her oder nicht!"

Der Zahnarzt sagt zum Suchomimus:
„So weit müssen Sie den Mund nicht aufmachen."
„Ja, müssen Sie denn nicht bohren?"
„Doch, schon, aber ich selbst bleibe draußen!"

„Stell dir vor, Mama, unser Lehrer weiß nicht mal, wie ein Tyrannosaurus aussieht", sagt die Erstklässlerin Lisa zu ihrer Mutter.
„Heute habe ich im Kunstunterricht einen gemalt und er hat mich allen Ernstes gefragt, was das sein soll!"

Fragt der Scutellosaurus den Holzwurm:
„Wie geht es deinen Kindern?"
Der Holzwurm antwortet:
„Es geht, sie beißen sich so durch."

Was ergibt eine Kreuzung zwischen
einer Motte und einem Argentinosaurus? –
Verdammt große Löcher in der Kleidung!

Der neue Zirkus-Triceratops ruft in der Manege:
„Es brennt, schnell, holt die Feuerschlucker!“

Kommt ein Brachiosaurus zum Arbeitsamt.
Sagt der Sachbearbeiter: „Prima, dass Sie da sind,
wir brauchen dringend Kräne!“
„Aber ich bin doch Zauberer, ich kann Dinosaurier
zersägen!“
„Na gut“, antwortet der Herr, „haben Sie vielleicht
Geschwister, die als Baukräne infrage kommen?“
„Zwei Halbschwestern!“

Der Zoodirektor ist ziemlich sauer, denn der Tierpfleger
hat den Suchomimus-Käfig offen gelassen.
Doch der Tierpfleger versteht die ganze Aufregung nicht:
„Wer klaut schließlich schon einen Suchomimus?“

Geht ein Mann mit seinem Lystrosaurus ins Kino.
Das Urtier amüsiert sich prächtig.
Da sagt die Sitznachbarin des Mannes:
„Ihr Dinosaurier ist schon ein seltsames Geschöpf."
„Ja, finde ich auch, denn das Buch hat ihm eigentlich
gar nicht gefallen!"

Unterhalten sich zwei Nachbarn.
Sagt der eine: „Unser neuer Scutellosaurus könnte Kellner werden.
Man kann ihn rufen und rufen, nie kommt er!"

„Und, was machen die Jungen Ihres Protoceratops? Sind sie schon geschlüpft?"
„Ja, die laufen schon seit zwei Wochen!"
„Dann müssten Sie ja schon ganz schön weit gekommen sein!"

Warum guckten die Brachiosaurier bei Gewitter immer lächelnd in den Himmel? – Weil sie dachten, dass sie fotografiert werden!

Zwei Mücken fahren Mofa. Die eine setzt eine Sonnenbrille auf. Fragt die andere: „Warum tust du das? Die Sonne scheint doch gar nicht so stark."
„Schon", antwortet die andere, „aber ich möchte nicht, dass mir diese lästigen Pteranodons ins Auge fliegen!"

„Tiere sollte man nicht küssen, dabei können Krankheiten übertragen werden", sagt der Lehrer.
Da meldet sich ein Schüler: „Stimmt, mein Opa hat mal unseren Archaeopteryx geküsst und kurz darauf ist der eingegangen!"

Warum beißt der Velociraptor keine Briefträger, wie der Hund? – Weil es ihm, im Gegensatz zum Hund, nichts auszumachen scheint, dass er nie Post bekommt!

Zwei Shonisaurier schwimmen durch das Meer.
Plötzlich sehen sie ein U-Boot.
Da beruhigt der Ältere seinen Begleiter:
„Keine Angst, das sind nur diese Menschen in Dosen!“

Der kleine Florian jammert, weil er von seinen Eltern keinen kleinen Scutellosaurus zum Spielen bekommt. Da rät ihm sein Freund: „Du musst die Sache komplett anders angehen. Wünsch dir ein Geschwisterchen, dann werden deine Eltern dir einen Saurier schenken!“

Ruft die Brachiosaurus-Mama ihre Kinder:
„Kommt schnell Kinder, das Essen wird welk!“

Warum hatten die Theropoden kein elektrisches Licht? – Wozu? Wenn die Sonne nicht schien, gab es Gewitterblitze und wenn es keine Blitze gab, hat bestimmt noch irgendwo etwas Lava geglüht!

„Wie haben sich die Sauropoden eigentlich fortpflanzen können", fragt der Lehrer.
Der kleine Theo antwortet: „Sie haben Eier gelegt. Aber ich frage mich, wie die die Einzelteile da hineinbekommen haben und ob die Eltern selbst das fertige Tier daraus zusammensetzen konnten?"

„Tyrannosaurus rex entlaufen", schreibt der Polizist ins Protokoll, mit einem Blick zum Zoodirektor fragt er nach: „Irgendwelche besonderen Kennzeichen?"

Ermahnt das Herrchen seinen Velociraptor: „Entweder du frisst jetzt leiser oder ich mache den Fernseher lauter!"

„Mein Bruder reitet jetzt auf unserem Iguanodon, denn er will abnehmen."
„Und hat es schon Wirkung gezeigt?"
„Nun, das Tier hat jedenfalls schon fünf Kilo abgenommen!"

Warum haben Brachiosaurier so breite Füße? – Um Waldbrände austreten zu können!

Wenn ein Pferd fohlt und eine Kuh kalbt – eiert dann ein Diplodokus?

Unterhalten sich zwei Mütter über ihre Kinder:
„Und wie bekommen Sie Ihren Sohn jeden Morgen wach?“
„Ach, ich verstecke etwas vom Lieblingslaub unseres Brachiosaurus unter dem Kopfkissen meines Sohnes und lasse das Tier danach suchen!“

„Sagen Sie, Herr Nachbar, raucht Ihr Iguanodon vielleicht?“
„Nein, wie kommen Sie denn darauf?“
„Ach, schon gut, ich dachte nur, wegen des Qualms, der aus ihrem Stall dringt ...“

Der Floh deht sich um und sagt zu dem Brachiosaurus hinter ihm:
„Nun drängel doch nicht so!“

Telefonanruf bei der Mordkommission:
„Hilfe, bei mir wird eingebrochen!“, meldet eine aufgeregt klingende Stimme.
„Aber wir sind die Mordkommission und dafür sind wir nicht zuständig!“
Da setzt der Anrufer nach: „Es geht aber darum, einen Mord zu verhindern. Der Einbrecher ist ein ausgewachsener Velociraptor und Sie telefonieren mit einem Protoceratops!“

Warum konnten die Panoplosaurier manchmal nicht einschlafen? – Weil es noch keine Schäfchen gab, die sie hätten zählen können!

Beim Lesen eines Buchs über Dinosaurier fragt die kleine Kira ihre Mutter: „Wo kamen eigentlich die Diplodokus-Babys her? Aber jetzt nicht wieder die Geschichte mit dem Storch, bitte!"

Warum darf man sonntags nicht durch den Wald laufen? –
Weil an diesem Tag die Brachiosaurier von den Bäumen springen!
Und warum sind die Krokodile so flach? –
Weil sie diese Regel nicht beachtet haben!

Kommt ein Mann ins Zoogeschäft und sagt:
„Ich möchte gerne einen Archaeopteryx für meine Frau!"
Aber der Zoohändler schüttelt den Kopf: „Tut mir leid, mein Herr, aber wir machen keine Tauschgeschäfte!"

Sitzt eine Frau mit ihrem Iguanodon vorm Fernseher.
Sie schauen einen Western.
Da sagt die Frau zu ihrem Iguanodon:
„Jetzt sieh dir das mal an, der dumme Cowboy spricht doch tatsächlich mit seinem Pferd!"

Sagt der Ampelosaurus zur Maus:
„Nun drängel doch nicht so!"
Sagt die Maus: „Ach, rutsch mir den Buckel runter!"

Fragt der Bio-Lehrer den kleinen Alex:
„Was weißt du über den Deinocheirus?"
Alex antwortet: „Er hat eine schlechte Schreibschrift!"
„Wie kommst du denn darauf?"
„In unserem Buch steht, dass er eine furchtbare Klaue hatte!"

Frau Lipp ruft bei den Fuhrmanns zu Hause an.
Die Fuhrmanns sind im Garten, es nimmt ihr kleiner Velociraptor den Hörer ab und sagt: „Grunz!"
Frau Lipp: „Wer?"
Velociraptor: „Grunz! Gustav, Richard, Ute, Nordpol, Zeppelin – Grunz eben!"

Bewirbt sich ein Mann beim Zirkus als Dompteur.
Der Zirkusdirektor sagt zu ihm: „Also, im Moment haben wir eine Nummer mit Tyrannosauriern im Programm. Der Posten dort ist schon besetzt, aber das kann nächste Woche wieder ganz anders aussehen …"

„Papi, was ist eigentlich ein Triceratops?"
„Ach, irgend so ein verrückter Fisch!"
„Aber in meinem Buch steht, dass er krautige Pflanzen vom Boden frisst!"
„Siehst du, echt verrückt dieser Fisch!"

Sagt das liebe Frauchen zu ihrem kleinen Velociraptor: „Meine innere Stimme sagt mir, es ist langsam Zeit, dir dein Fresschen zuzubereiten!"
Der Velociraptor denkt sich: „Meine innere Stimme spricht schon seit Stunden zu mir. Sie knurrt und kommt aus der Magengegend!"

Sitzt ein Mann mit seinem Brachiosaurus in der S-Bahn.
Kommt der Schaffner und sagt: „Eigentlich befördern wir keine Saurier!"
„Ach", sagt der Mann, „können Sie nicht eine Ausnahme machen,
er ist auch ganz lieb!"
„O. k.", meint der Schaffner, „aber nicht die Füße auf den Sitz stellen!"

Der Großvater erzählt mal wieder von seinen Abenteuern:
„Und dann stand ich plötzlich Aug in Aug dem schrecklichen Tyrannosaurus rex gegenüber!"
„Und dann, was ist dann passiert?", fragen die aufgeregten Kinder im Chor.
„Dann .... na, dann bin ich eben in den nächsten Raum gegangen und habe mir die anderen Ausstellungsstücke des Museums angeschaut!"

Herr Renke ist zu Gast bei den Meiers.
Die Suppe schmeckt ausgezeichnet, doch der Haussaurier starrt Herrn Renke böse an und knurrt.
Frau Meier kann ihn schnell beruhigen:
„Keine Angst, er mag es nur nicht, wenn Fremde aus seiner Schüssel essen!"

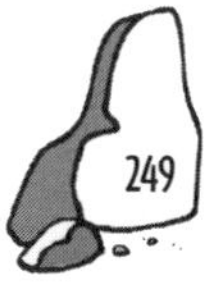

Unterhalten sich zwei Klassenkameraden.
„Mein Vater ist Tierarzt im Urzeit-Zoo!"
„Wie aufregend. Und wie behandelt er die Tyrannosaurier?"
„Mit größtem Respekt!"

Woran erkennt man, dass Triceratopse fauler sind als Hunde? – Wenn Hunde Gassi gehen wollen, kommen sie mit der Leine im Maul, wenn Triceratopse raus wollen, bringen sie den Autoschlüssel!

Zwei Allosaurier wollen ein Zebra fressen.
Der eine schlägt dem anderen ein Geschäft vor:
„Ich nehme das Innere und dafür gehört dir der schicke Schlafanzug!"

Ein Argentinosaurus wird von zwei Fliegen belästigt.
Wütend schreit er sie an: „Hey, das ist fies, zwei gegen einen!"

Was waren die letzten Worte der letzten Tyrannosaurier? – „Kommt, lasst uns gehen, auf dieses Schiff gehen wir nicht, dieser Noah spinnt doch!"

„Sie haben ja einen ausgezeichnet wachsamen Velociraptor!", sagt ein Mann am Strand. „Der bewacht Ihre Sachen wirklich gut." „Leider ist es nicht mein Saurier. Ich stehe hier schon seit zwei Stunden und kann nicht an meine Sachen heran!"

Warum ist eine Schnecke stärker als ein Diplodokus? –
Sie trägt ihr eigenes Haus!

Ein Triceratopsmännchen und ein -weibchen werden von einer Herde Tyrannosauriern verfolgt.
Sie können sich gerade noch in eine Höhle retten.
Vor dem Eingang brüllen die Verfolger.
Da fragt das Weibchen: „Was machen wir nun, wir können doch nicht ewig hierbleiben?"
„Ewig nicht, aber mindestens so lange, bis wir ihnen zahlenmäßig überlegen sind!"

Was macht bumm-bumm-bumm-quietsch-bumm-bumm-bumm-quietsch? –
Ein Diplodokus, der einen Tennisschuh trägt.

Unterhalten sich zwei Tyrannosaurier:
„Du kannst dich auch mal waschen!
Ich kann ja sehen, was du gestern gegessen hast!"
„Was denn?"
„Triceratops."
„Reingefallen! Das war vorgestern!"

Steht ein Velociraptor am Ufer eines Sees und spricht vor sich hin: „ ... dreiundzwanzig, ... dreiundzwanzig ...“
Kommt ein anderer vorbei und fragt:
„Warum sagst du die ganze Zeit ‚dreiundzwanzig‘?“
„Guck auf den See!“
Der andere guckt auf den See und wird dann vom ersten Velociraptor ins Wasser geschubst.
Nun spricht der Velociraptor vor sich hin: „ ... vierundzwanzig, ... vierundzwanzig ...“

Was kann schwimmen und beginnt mit „Z“? – Zwei Elasmosaurier!

Es war einmal ein Ankylosaurus, der lebte auf einer Wiese am Ufer eines Flusses. Eines Tages hatte er alles saftige grüne Gras aufgefressen. Es gab nichts weiter als Disteln, Disteln, Disteln. Auf dem Feld am anderen Ufer aber wuchs noch prächtiges frisches Gras. Das wollte der Ankylosaurus unbedingt gerne wegnaschen. Leider konnte er nicht schwimmen und es gab weder ein Boot noch eine Brücke. Was machte der Ankylosaurus da? – Er fraß weiter Disteln, Disteln, Disteln ...

Warum hat der Ankylosaurus ein gepanzertes Schwanzende? –
Damit er sich nicht so wehtut, wenn es in der Fahrstuhltür klemmt!

Fragt ein Triceratops den anderen:
„Wie komme ich denn von hier am schnellsten in den Wald?“
„Seltsame Frage“, antwortet der zweite Triceratops,
„renn einfach so schnell du kannst!“

Warum braucht der Mamenchisaurus so lange, bis er sich entschuldigt? –
Es dauert eine Weile, bis er seinen Stolz runtergeschluckt hat!

Fragt der Argentinosaurus seinen Gefährten:
„Wollen wir laufen oder nehmen wir den Bus?"
Fragt sein Gefährte zurück:
„Was, willst du denn den Bus auch noch mit dir herumschleppen?"

„Warum heißt der Massospondylus eigentlich Massospondylus?", will der Lehrer von der kleinen Lynn wissen.
„Nun, er sieht aus wie ein Massospondylus, bewegt sich wie ein Massospondylus, verhält und ernährt sich so. Warum sollte er also nicht Massospondylus heißen?"

Streiten sich ein Allosaurus und ein Brachiosaurus.
Brachiosaurus: „Aasfresser!"
Tyrannosaurus: „Biotonne!"

Fragt das kleine Iguanodon seinen Spielkameraden:
„Wann bist du eigentlich auf die Welt gekommen?"
„Keine Ahnung, es hing keine Uhr im Ei!"

Die Stegosaurierfamilie hat Nachwuchs bekommen.
Der stolze Vater sagt: „Er sieht aus wie ich!"
Die Mutter überlegt kurz und meint: „Nicht so schlimm,
Hauptsache, er ist gesund!"

Nachdem der Allosaurus von einem Brachiosaurus vermöbelt wurde, denkt er sich: „Ich hätte nie gedacht, dass ein Tier, das hauptsächlich mit Laub gefüllt ist, so hart sein kann!"

Was ergibt eine Kreuzung zwischen einem Archaeopteryx und einem Stinktier? – Keine Ahnung, aber es stinkt bestimmt zum Himmel!

Sitzen zwei Archaeopteryx auf einem Telegrafenmast.
Der eine schüttelt sich plötzlich.
Fragt der andere: „Was ist los?"
„Ach, nichts, mich hat nur ein Telegramm kurz unter den Füßen gekitzelt."

Ein Tyrannosaurus trifft einen Triceratops im dunklen Wald. Sagt der Triceratops: „Ist so dunkel hier, ziemlich unheimlich!" Sagt der Tyrannosaurus: „Was soll ich denn sagen, wenn ich dich gleich gefressen habe, bin ich ganz allein hier!"

Was ergibt eine Kreuzung zwischen einem Pteranodon und einem Papagei? – Ein Urzeittier, das während des Flugs nach dem Weg fragen kann!

Ein Tylosaurus schaut auf die Wasseroberfläche und sagt immerzu: „Das ist ja unglaublich, das ist ja unglaublich ..."
Kommt ein anderer vorbei und fragt: „Was ist denn so unglaublich?"
„Ich habe dem Protoceratops erst gestern das Schwimmen beigebracht und jetzt taucht er schon seit drei Stunden!"

Zwei Juravenator sitzen in einem Café. Es kommt eine junge Frau herein und setzt sich an den Tisch neben ihnen. Sie hat es offenbar eilig, denn sie bestellt und zahlt sofort. Nachdem der Kellner ihr den Kaffee gebracht hat, stürzt sie diesen sofort hinunter. Danach stopft sie sich die Serviette in den Mund und schluckt sie, ohne zu kauen. Mit wenigen weiteren Bissen sind auch die Tasse und die Untertasse sowie das Sahnekännchen und der Zuckerstreuer den gleichen Weg gegangen. Nur die Speisekarte ist noch auf dem Tisch. Sie steht auf und geht hastig hinaus.
Da schütteln die beiden Juravenator den Kopf und der eine sagt: „Na, so was, das Beste lässt sie übrig!"

Steht ein Unenlagia in der Fußgängerzone auf einem Stapel Zeitungen und ruft immer: „Riesenschwindel in unserer Stadt – schon 25 arglose Bürger betrogen!"
Ein Passant wird neugierig und kauft ihm eine Zeitung ab.
Beim Weggehen hört der Passant: „Riesenschwindel in unserer Stadt – schon 26 arglose Bürger betrogen!"

Anne seufzt: „Ich wünschte, ich hätte das Geld, mir ein vollständiges Tyrannosaurusskelett zu kaufen."
Justus fragt sie: „Was willst du denn mit diesem Skelett anfangen?"
„Das Skelett kann ich in der Tat nicht gebrauchen, aber ich wünschte eben, ich hätte so viel Geld!"

Kommt ein Mann in die Polizeiwache und sagt: „Ein Apatosaurus hat meine Perücke gestohlen, sie aufgesetzt und ist jetzt spurlos damit verschwunden!"
„Keine Sorge", sagt der Polizist, „wir werden die ganze Gegend durchkämmen!"

Der Amurosaurus zahlt an der Kasse mit einem 70-Euro-Schein. Die Kassiererin protestiert natürlich und sagt: „Das ist Falschgeld! Einen 70-Euro-Schein habe ich ja noch nie gesehen!“
Lässig antwortet der Amurosaurus: „Was bilden Sie sich eigentlich ein, das ist der erste 70-Euro-Schein, den Sie in der Hand haben, und Sie wollen behaupten, Sie erkennen, dass er falsch ist?“

Sagt eine Frau zum Diplodokus: „Herzlichen Glückwunsch zum 90. Geburtstag! Ich hoffe, ich werde dir auch noch zum 100. gratulieren können!“
„Ja, warum denn nicht, du siehst doch noch ganz rüstig aus.“

Der Scutellosaurus sagt zu seinem Besitzer:
„Ich möchte bitte mein Futter haben!"
„Immer willst du haben, haben, haben.
Denk doch auch mal ans Geben!"
„Gut, dann gib mir eben bitte mein Futter!"

Treffen sich ein Hund und ein Scutellosaurus. Sagt der Hund:
„Ich heiße Hasso rex vom Schlosshof. Und du, bist du auch adelig?"
Der Scutellosaurier antwortet: „Ja, ich heiße Sofort runter vom Sofa!"

Sagt die Maus zum Diplodokus: „Komm mal raus aus dem Wasser!"
Der Diplodokus sagt: „Nein, ich schwimme gerade so schön!"
„Bitte, lieber Diplodokus!"
Endlich kommt er raus.
Sagt die Maus: „Gut, kannst wieder reingehen. Ich wollte nur sehen, ob du meine Badehose anhast!"

Sitzt ein Stegosaurus in der Milchbar.
Plötzlich kommt eine Kuh herein.
Da beschwert sich der Saurier:
„Seit wann kommen denn die Lieferanten
zum Haupteingang herein!"

Ein kleiner Protoceratops hat fürchterlichen Durst. Plötzlich entdeckt er eine Oase mit frischem Wasser und eilt darauf zu.
Doch vor der Oase steht eine Horde Pinguine und fragt ihn: „Was willst du denn hier?"
Der Protoceratops antwortet natürlich: „Wasser, ich will Wasser!"
Darauf die Pinguine: „Tut uns leid, aber ohne schwarzen Anzug kommst du hier nicht rein!"

Ein Brachiosaurus tritt auf eine Ameise.
Sagt die Ameise: „Mist, genau ins Auge!"

Stehen zwei Pferde im Stall. Kommt ein Diplodokus rein, läuft die Wand hoch, an der Decke entlang, an der anderen Wand wieder runter und verdrückt sich durchs Fenster.
Sagt das eine Pferd erstaunt zum anderen: „Hast du das gesehen?"
Das andere antwortet: „Ja. Der grüßt nie!"

Beim Anblick des Zebras denkt sich ein Carnotaurus: „Seltsam, es ist schon Nachmittag und die hat immer noch den Schlafanzug an!"

Fragt der kleine Scutellosaurus sein Herrchen:
„Sag mal, ist Tinte eigentlich sehr teuer?"
„Nein, nicht so teuer", sagt das Herrchen.
„O. k.", fährt der Saurier fort, „dann bist du mir sicher auch nicht böse, weil mir das Tintenfässchen auf dem Teppich im Wohnzimmer ausgelaufen ist ..."

Herr Soffner kommt nach Hause und findet sein Iguanodon auf einem Fußball sitzend.
„Du weißt schon, dass das nicht dein Ei, sondern ein Fußball ist?"
„Klar weiß ich das, aber man wird ja wohl noch mal mit Puppen spielen dürfen!"

Ein Archaeopteryx bewirbt sich auf die Stellenanzeige:
„Schreibkraft gesucht!“
Beim Vorstellungsgespräch fragt der Arbeitgeber:
„Können Sie gut tippen?“
Der Archaeopteryx setzt sich an die Schreibmaschine und tippt fehlerlos eine Seite in Rekordtempo.
„Ja, aber können Sie auch Kaffee kochen?“
Der Archaeopteryx rennt in die Küche und kommt nach fünf Minuten mit Kaffee, Kuchen und Brötchen wieder zurück.
„Eigentlich suchen wir einen Mitarbeiter mit guten Fremdsprachenkenntnissen.“
Darauf der Archaeopteryx: „Kikerikiiiii!“

Opa erzählt wieder Geschichten: „Und da ritt ich dahin im Galopp, hinter mir Tyrannosaurier, vor mir Deinocheirus ...“
„Und dann, was passierte dann Opa?“, wollen die Kinder wissen.
„Dann ... dann war die Karussellfahrt zu Ende!“

„Diese seltenen Pteranodons“, sagte der Museumsführer und zeigte auf einige ausgestopfte Urzeitvögel, „stellen einen Wert von einigen Millionen Euro dar.“
„Interessant“, meinte ein Besucher. „Womit sind sie denn ausgestopft?“

Unterhalten sich zwei Scutellosaurier.
Fragt der eine: „Und, was hast du so von deinem Herrchen zum Geburtstag bekommen?"
„Ach, das Übliche: eine Steinschleuder, Pfeil und Bogen, einen Bumerang und ein Katapult."
„Das nennst du ‚das Übliche'?"
„Ja, Herrchen ist von Beruf Glaser!"

Kommt ein Mann in ein Jagdgeschäft und sagt:
„Bei mir im Garten treibt ein Struthiosaurus sein Unwesen. Ich möchte gerne eine Falle kaufen!"
„O. k.", sagt der Verkäufer, „ich werde Ihnen eine geeignete einpacken."
„Nein", sagt der Kunde, „nicht nötig, ich möchte die Falle nicht mitnehmen, ich schicke das Tier einfach zu Ihnen!"

Warum konnten die Ankylosaurier nicht fliegen? – Sie mochten diese Fliegen einfach nicht!

„Konnten manche Dinosaurier eigentlich übers Wasser laufen, Papa?", fragt die kleine Sina ihren Vater.
„Ich vermute", antwortet der, „nur die Nichtschwimmer unter ihnen."

Sagt der Tierarzt zum Iguanodon: „Ihnen geht's ziemlich schlecht. Sie haben Wasser in den Beinen, Kalk in den Adern und Steine in den Nieren!"
Darauf sagt das Iguanodon: „Na großartig, wenn Sie mir jetzt noch sagen, dass ich Sand im Kopf habe, fange ich an zu bauen!"

Herrchen fragt seinen Triceratops, der gerade beim Tierarzt war: „Was hat der Doktor gesagt?"
„Dreißig Euro!"
„Nein, was hast du gehabt?"
„Zwanzig Euro!"
„Nein, was hat dir gefehlt?"
„Zehn Euro!"

Was ist der Unterschied zwischen
Dinosauriern und Drachen? –
Die Dinosaurier sind zwar alt,
aber immer noch zu jung zum Rauchen!

Nach einem Banküberfall, die Polizei befragt Zeugen.
„Sie haben den Täter doch genau gesehen! Wie sah er denn aus?“
„Nun, er trug ja eine Maske und es ging alles ziemlich schnell, aber er war ziemlich massig, so einige Tonnen schätze ich, er hatte einen sehr langen Hals und einen etwa ebenso langen Schwanz und ...“
„Dann war es also ein Diplodokus!“, fällt der Polizist der Zeugin ins Wort.
„Ich weiß nicht“, wiegelt die Zeugin ab, „so genau habe ich ihn wirklich nicht gesehen ...“

Kommt ein Troodon zum Fundbüro und fragt:
„Ist hier vielleicht mein 100-Euro-Schein abgegeben worden?“
„Nein, tut mir leid, nur ein 200er.“
„Macht nichts, ich kann wechseln!“

Kommt ein Iguanodon in ein Geschäft und sagt:
„Könnte ich bitte den Badeanzug im Schaufenster anprobieren?“
„Natürlich, aber es wäre mir lieber, wenn Sie dazu die Umkleidekabine benutzen würden ...“

Was haben der Tyrannosaurus und der Allosaurus gemeinsam? – Beide sind lausige Billardspieler!

Kommt ein Brachiosaurus an die Kinokasse.
Der Kassierer sagt: „Tut mir leid, aber Sie sind riesengroß und die Vorstellung ist bis auf den letzten Platz ausverkauft!“
„O. k., dann geben Sie mir eben den letzten Platz.“

„Hallo, ist dort der Tierschutzverein? Kommen Sie sofort her! Bei mir sitzt ein aggressiver Briefträger im Garten auf dem Baum und bedroht meinen Velociraptor!“

Wie viele Brachiosaurier passen in ein Auto? –
Fünf. Zwei vorne drei hinten.
Und wie viele Iguanodons? –
Keine mehr, das Auto ist ja schon voll!

Zwei Brachiosaurier wollen aus dem Zoo ausbrechen.
Sagt der eine: „Heute nacht treffen wir uns hier, okay?"
„Ja, in Ordnung, aber wie willst du ausbrechen?"
„Ich nehme eine Taschenlampe mit, leuchte durch das Fenster im Dach und du kletterst am Strahl der Taschenlampe hinaus und machst mir dann von außen die Tür auf, schon sind wir frei!"
Sagt der andere: „Nein, so blöd bin ich nicht. Wenn ich fast oben bin, schaltest du bestimmt die Taschenlampe aus und ich falle runter!"

Der Halter schimpft mit seinem kleinen Massospondylus:
„Du sollst die Leute am Straßenrand nicht mit Dreck bespritzen!"
„Och, muss ich damit etwa warten, bis ich auch ein Auto fahre?"

„Ich habe noch kein Troodon gesehen, das so frech ist wie du", schimpft das Herrchen seinen Saurier.
„Du kennst ja gar nicht alle!", wehrt sich der Troodon.

Kommt ein Mann in ein Zoogeschäft und äußert seinen Wunsch:
„Ich hätte gerne einen Vogel, der sehr gut singen kann!"
Der Verkäufer deutet auf einen Archaeopteryx in der Ecke.
„Aber der hat nur ein Bein!", bemerkt der Kunde.
Doch der Verkäufer antwortet prompt: „Sie wollten einen Sänger und keinen Tänzer!"

Was bedeutet es, wenn einzelne Sauropoden den Kopf immer gesenkt haben? –
Dass sie noch nicht schwindelfrei sind!

„Die Tür eures Papageienkäfigs ist geöffnet und der Vogel ist nicht mehr drin. Hast du bemerkt, wie er entflogen ist?“
„Nein, aber mir ist aufgefallen, dass unser Velociraptor plötzlich sprechen kann!“

Fragt der Zoobesucher den Tierpfleger:
„Wie heißt denn das Iguanodon dort?“
„Bertram!“
„Und das andere dahinten?“
„Auch Bertram.“
„Und das unter dem Baum?“
„Ebenfalls Bertram!“
„Warum haben Sie allen denselben Namen gegeben?“
„Hatten wir nicht immer, aber wenn wir jetzt Bertram rufen, kommt wenigsten eines manchmal her.“

Sagt das Schaf zum Ankylosaurus: „Mäh!“
Sagt der Ankylosaurus: „Mäh doch selber!“

Was ist für einen Lystrosaurus schlimmer,
als in eine Knolle zu beißen und einen Wurm darin zu finden? –
In eine Knolle zu beißen und einen halben Wurm
darin zu finden!

Ein Brachiosaurus kommt mit seinem Hund ins Hotel.
Er meldet sich an, bekommt den Schlüssel und will hinauf in sein Zimmer.
Da ruft ihm der Portier von unten hinterher:
„Hey, aber den Hund dürfen Sie nicht mit aufs Zimmer nehmen!“

Der kleine Nachwuchs der Ampelosaurusfamilie fragt seine Mutter:
„Mama, woran merkt man eigentlich, dass man Zecken hat?“
Die Mutter antwortet: „Man verhält sich ganz ruhig und lauscht, ob welche in der Nähe husten!“

Warum hatten Iguanodons eine Glocke um den Hals? –
Äh, Iguanodons hatten keine Glocke!

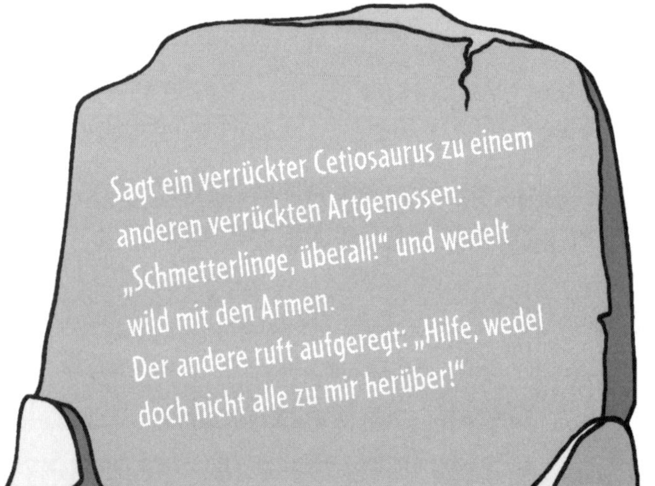

Geht ein Lystrosaurus über eine Wiese und trifft eine Kuh, die sich schüttelt.
Er fragt sie verwundert: „Was machst du denn da?“
Die Kuh antwortet: „Wir haben morgen eine kleine Geburtstagsfeier und ich mache schon mal die Schlagsahne!“

Eine Frau ruft beim Tierarzt an:
„Sie müssen uns helfen, unser Sinovenator hat Fieber!“
„Wie hoch ist das Fieber denn? Welche Temperatur haben Sie gemessen?“
„Ich weiß nicht genau, denn wir haben kein Fieberthermometer, aber das Einkochthermometer steht jetzt auf Mirabellen!“

Zwei Elasmosaurier finden sich in einem Aquarium wieder.
Fragt der eine: „Sag mal, wie fährt man dieses Ding überhaupt?“

Wie heißt ein Shonisaurier, der sich lange nicht gewaschen hat? – Schwein!

Was hat einen langen Hals und leuchtet? – Ein elektrischer Mamenchisaurus im Dunkeln!

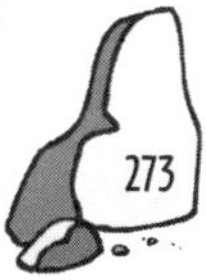

Sagt der große Allosaurus zu seinem kleinen Bruder: „Nun trödel nicht so, mach mal ein bisschen schneller, sonst mach ich dich zur Schnecke!“
Grinsend antwortet der kleine Bruder: „Hast du die Viecher mal gesehen? Glaubst du im Ernst, dass ich dann schneller bin?“

Steht ein Brachiosaurus auf der Weide und wird von einer Horde Spatzen belagert, die auf ihm herumpicken.
Nach einer Weile ist der Saurier genervt, dreht den Kopf nach hinten und sagt zu den Spatzen: „Wenn ihr nicht ein wenig ruhiger sein könnt, bleibt mein Feinkostladen in Zukunft geschlossen!“

Hund und Compsognathus gehen spazieren.
Der Hund sagt: „Wow!“
Der Compsognathus fragt: „Worüber staunst du?“

Zwei Ankylosaurier entdecken im Gras ein kleines grünes Wesen, das vergnügt von Halm zu Halm hüpft.
Fragt der eine: „Was ist das denn?“
Sagt der andere: „Eine Freuschrecke!“

Treffen sich zwei Triceratops im Bus.
Sagt der eine: „Mit diesem Bus fahre ich schon seit vier Jahren."
Daraufhin fragt ihn der andere:
„Meine Güte, wo bist du denn zugestiegen?"

Treffen sich zwei unsichtbare Panoplosaurier.
Sagt der eine:
„Hey, lange nicht gesehen!"

Der Richter sagt zum Angeklagten: „So, Sie haben also zwei Iguanodons gestohlen. War die Stalltür verschlossen oder stand sie offen?"
Der Angeklagte erwidert: „Offen gestanden, sie war verschlossen!"

Glossar

Allosaurus (bedeutet „Andersartige Echse“)

Der Allosaurus hat Ähnlichkeit mit dem noch populäreren Tyrannosaurus, lebte aber viel früher, nämlich gegen Ende des Jura vor rund 150 Millionen Jahren. Er wurde 3 m hoch und etwa 10 m lang. Der fleischfressende Jäger trug zwei charakteristische kleine Höcker über den Augen.

Ampelosaurus (zu deutsch „Weinbergechse“)

Der Name verweist auf den Fundort seiner Fossilien in einem französischen Weinberg. Gegen Ende der Kreidezeit, vor ca. 70 bis 65 Millionen Jahren, lebte dieser Saurier. Wie alle Sauropoden ernährte er sich pflanzlich. Für seine Gattung war er mit 15 m Länge und 4 m Höhe eher noch ein kleinerer Vertreter.

Amurosaurus (Übersetzung: „Echse aus Amur")

Der Amur ist ein Fluss und eine Region an der Grenze zwischen Russland und China. Dort wurden die fossilen Überreste dieses Pflanzenfressers entdeckt. Sie lassen sich auf das Ende der Kreidezeit (vor 70 bis 65 Millionen Jahren) datieren. Amurosaurus wurde etwa 2,5 m hoch und 7 m lang. Er trug vermutlich einen kurzen gezackten Kamm, der sich vom Kopf bis auf den Schwanz erstreckte.

Ankylosaurus („ankylo“ kommt vom griechischen Wort für „krumm“, also „Die krumme Echse“)

Der Name beschreibt die Form seines gebeugten Körpers, der 8 bis 9 m lang wurde und im Mittel etwas mehr als 3 t auf die Waage brachte. Er hatte eine Panzerung aus Knochenplatten und ein auffallendes Schwanzende in Form einer knöchernen Keule. Eine Ausstattung, die ihn eventuell vor fleischfressenden Feinden schützen konnte. Er selbst war Pflanzenfresser und bewegte sich auf allen vieren fort. Seine Zeit war die Obere Kreidezeit (vor 70,5 bis 65,5 Millionen Jahren).

Apatosaurus (bedeutet „Trügerische Echse“)

Mit ca. 25 m Länge und 30 t Gewicht ähnelte er dem bekannteren Diplodokus. Mit seinem ausnehmend langen und am Ende dünnen Schwanz konnte er vielleicht einen Knall wie mit einer Peitsche erzeugen. Er lebte im Oberjura ca. 156 bis 145 Millionen Jahre vor unserer Zeit. Er ernährte sich rein pflanzlich.

Archaeopteryx („Alter Flügel“)

Dieser weltbekannte, etwa taubengroße Urvogel sah unseren heutigen Vögeln recht ähnlich, allerdings hatte er Zähne im Schnabel. Es ist nicht abschließend geklärt, ob er wirklich richtig fliegen konnte. Fest steht aber: Für Langstreckenflüge hat es keinesfalls gereicht. Er lebte vor 150 bis 145 Millionen Jahren.

Argentinosaurus (heißt so viel wie „Argentinische Echse“)

Mit 30 m Länge und vermutlich über 70 t Gewicht hält der Argentinosaurus den Rekord als eines der größten Landtiere, die es je gegeben hat. Er war in der Oberen Kreidezeit vor ca. 100 bis 93 Millionen Jahren im heutigen Südamerika ansässig und ernährte sich vegetarisch.

Brachiosaurus (bedeutet „Armechse“)

Der Brachiosaurus war eines der größten Landtiere der Erdgeschichte. Er lebte vor etwa 161 bis 145 Millionen Jahren im Oberen Jura. Der durchschnittlich 23 m lange und 13 m hohe Pflanzenfresser konnte mit seinem Hals von bis zu 9 m Länge seine Nahrung in größerer Höhe bequem erreichen. Bei einem Gewicht von schätzungsweise 30 bis 40 t war sein gesunder Appetit lebensnotwendig.

Carnotaurus (zu deutsch „Fleischfressender Stier“)

Vor rund 80 Millionen Jahren, in der Kreidezeit, lebte dieser fleischfressende Jäger. Auffällig waren die zwei kleinen spitzen Hörner am Kopf und extrem kleine Arme – eindeutige Zeichen, dass er sich nur auf den zwei kräftigen Beinen fortbewegte. Mit Schwanz maß er 9 m und erreichte 3,5 m Höhe.

Ceratosaurus („Horn-Echse")

Im Oberen Jura vor 156 bis 145 Millionen Jahren lebte dieser Fleischfresser, der seinen Namen einem kleinen Horn über der Nase verdankt. Er wurde 5 bis 6 m lang, bei einem Gewicht von schätzungsweise 2 t.

Cetiosaurus (bedeutet „Wal-Echse")

Mit 18 m Länge und einem Gewicht von 20 t war er zwar ähnlich groß wie ein Wal, aber kein Meerestier, für das er fälschlicherweise mal gehalten wurde. Der Sauropode lebte vor rund 166 Millionen Jahren im Erdzeitalter Jura und ernährte sich pflanzlich.

Compsognathus (heißt so viel wie „Zarter Kiefer" oder „Eleganter Kiefer")

Sein Kiefer war zart, aber mit vielen kleinen und scharfen Zähnen ausgestattet. Seine Ernährung konzentrierte sich daher auf Fleisch. Er war nicht größer als ein Huhn, aber wahrscheinlich sehr flink mit bis zu 60 km/h unterwegs.

Deinocheirus (der Name bedeutet „Schreckliche Hand")

Er war ein zweifüßiger Fleischfresser aus der späten Kreidezeit (vor 70 bis 65 Millionen Jahren). Seine Arme waren 2,4 m lang und hatten drei Finger mit langen hakenförmigen und 20 bis 30 cm langen Krallen. Die Hände allein hatten eine Länge von 60 cm. Er könnte ähnliche Ausmaße wie der Tyrannosaurus rex erreicht haben.

Deinonychus (zu deutsch „Schreckenskralle")

Früher als der ebenfalls mit furchterregender Kralle ausgestattete Deinocheirus lebte dieser Saurier vor 112 bis 100 Millionen Jahren in der Kreidezeit. Er wurde lediglich 3,5 m lang und nicht einmal 1 m hoch. Dafür war er vermutlich sehr flink unterwegs. Der Deinonychus ernährte sich von Fleisch.

Diamantinasaurus („Echse vom Diamantina“)

Der Fundort war hier namensgebend: Der Diamantina ist ein Fluss in Australien. Er hatte eine Größe von etwa 3,5 m bei 16 m Länge. Der Vierbeiner ernährte sich pflanzlich und lebte in der Kreidezeit vor ca. 100 Millionen Jahren.

Dimetrodon (übersetzt „Zwei Maße von Zähnen“)

Der Dimetrodon erhielt seinen Namen dadurch, dass er zwei unterschiedliche Formen von Zähnen besaß. Auffällig war aber vor allem sein Rückensegel. Er maß vom Kopf bis zur Schwanzspitze etwa 3,5 m und wird ungefähr 250 kg gewogen haben. Seine Zeit war das Unterperm vor 272,5 bis 99 Millionen Jahren.

Diplodokus („Doppelbalken“)

Der Diplodokus ist ein sehr bekannter Saurier. Er war mit 25 m Länge, 4 m Höhe und über 10 t Gewicht einer der riesigen Sauropoden, die vor 155 bis 145 Millionen Jahren im Erdzeitalter des Oberen Jura die Erde bevölkerten. Als Nahrung bevorzugte der Pflanzenfresser vermutlich Grünzeug, das er mit den Zähnen von Ästen abstreifte.

Elasmosaurus (heißt so viel wie „Platte Echse“)

Dieser Meeresbewohner hatte einen der längsten Hälse von allen Sauriern. Er machte einen großen Teil der insgesamt ca. 12 m Länge aus. Er ging in der Oberkreide von etwa 84 bis 71 Millionen Jahren auf Beutejagd.

Gigantosaurus (bedeutet etwa „Riesige Echse des Südens“)

Ein Fleischfresser, der das Gebiet des heutigen Südamerikas vor 100 bis 94 Millionen Jahren unsicher machte. Bis zu 13 m lang und 4 m hoch, bei einem Gewicht von ca. 8 t, ähnelte seine Gestalt etwa der des bekannten Tyrannosaurus rex. Eine furchterregende Reihe 18 bis 25 cm langer Zähne dürfte ihm einigen Respekt in seinem Revier verschafft haben.

Hadrosaurus („Starke Echse")

Dieser etwa 8 m lange Saurier hatte vermutlich eine Vorliebe für Zweige und Laub. Der Vegetarier lebte in der Kreidezeit vor rund 80 Millionen Jahren. Er bewegte sich meist auf allen vieren, nur wenn er sich schnell fortbewegen wollte, lief er zweibeinig.

Herrerasaurus (benannt nach seinem Entdecker Victorino Herrera)

Die in Südamerika gefundenen Überreste des 3 bis 5 m langen und nur etwa 100 kg schweren Sauriers sind 228 bis 216 Millionen Jahre alt. Er bewegte sich zweibeinig durch das Zeitalter des Carnium. Der Kiefer mit gezackten Zähnen machte den Fleischfresser zu einem gefährlichen Jäger.

Iguanodon („Leguanzahn")

Das Iguanodon lebte vor ca. 146 bis 100 Millionen Jahren als Pflanzenfresser in der frühen Kreidezeit. Bei 8 m Länge und 5 m Höhe konnte es ein Gewicht von bis zu 4,5 t erreichen. Aufgrund der zahlreichen Funde und der weiten Verbreitung nennt man sie auch „die Kühe der Urzeit".

Juravenator (bedeutet: „Jäger aus dem Juragebirge")

Dieser Saurier lebte zwar im Erdzeitalter Jura vor rund 150 Millionen Jahren, aber sein Name verweist auf den Fundort seiner gut erhaltenen Fossilien im bayerischen Juragebirge (Alpen). Der kleine Jäger hatte einen recht vogelähnlichen Körperbau und war auch kaum größer als ein Huhn. Allerdings war er vermutlich nicht – oder allenfalls kaum – gefiedert.

Lystrosaurus

Der Lystrosaurus hatte etwa die Größe eines Schweins und lebte im frühen Trias vor 254 bis 246 Millionen Jahren. Seine Ernährungsweise war ausschließlich pflanzlich. Er hatte zwei vergrößerte Eckzähne und weit oben liegende Nasenlöcher und damit auch ein wenig Ähnlichkeit mit heutigen Nilpferden.

Mamenchisaurus (benannt nach dem Fundort der Fossilien in China)

Dieser Sauropode lebte vor etwa 160 bis 155 Millionen Jahren im Oberjura. Mit seinen 15 t ähnelte er in seiner Statur dem bekannteren Diplodokus. Allerdings hatte wohl kein anderer Dinosaurier einen derart langen Hals von beachtlichen 10 Metern Länge. Nur Pflanzliches rutschte diesen Hals hinunter.

Massospondylus (Übersetzung: „Verlängerter Wirbel")

Der Massospondylus war ein weit verbreiteter Pflanzenfresser des Jura vor 200 bis 190 Millionen Jahren. Er hatte einen länglichen schlanken Hals und war etwa 4 m lang und 1 m hoch.

Panoplosaurus (heißt so viel wie „Vollständig gepanzerte Echse")

Der stämmige Körper des Panoplosaurus war sehr dicht mit Knochenplatten bedeckt. Sein Kopf war von einer helmartigen Platte geschützt. Mit pflanzlicher Kost brachte er es auf bis zu 3,5 t Gewicht und eine Höhe von etwa 2,5 m. Er lebte in der Kreidezeit vor 84 bis 71 Millionen Jahren.

Pliosaurus (pleion = mehr, sauros = Echse; um anzuzeigen, dass er krokodilähnlicher war als die Plesiosaurier)

Der Pliosaurus lebte im Mittel- bis Oberjura (vor 164,7 bis 150,8 Millionen Jahren) im Meer und ernährte sich vermutlich von allerlei anderen Meerestieren. Er konnte etwa 10 bis 12 m lang werden.

Protoceratops (übersetzt etwa: „Erstes Horngesicht")

Er war ein nur bis 2 m langer und nicht mehr als 75 cm hoher Pflanzenfresser. Der Protoceratops bewegte sich vierbeinig durch die Obere Kreidezeit (vor 85 bis 80 Millionen Jahren). Ein berühmtes Fossil zeigt ein Exemplar im Kampf mit einem Velociraptor.

Pteranodon (zu Deutsch etwa „zahnloser Flügel“)

Ein zahnloser Flugsaurier der Kreidezeit. Er lebte etwa vor 85 bis 70 Millionen Jahren im heutigen Nordamerika. Mit Flügelspannweiten von bis zu 7 m (und beim größten Vertreter der Gattung sogar 9 m) war er wahrhaftig ein Riesenvogel. Er ernährte sich von Fischen, die er im Gleitflug aus dem Wasser schnappen konnte.

Scutellosaurus („Kleine Plattenechse“)

Sein Name rührt daher, dass er teilweise von mehreren hundert sehr kleinen Knochenplatten bedeckt war. Das ungefähr kaninchengroße Tier ernährte sich von Pflanzen und lebte im Unteren Jura vor rund 190 Millionen Jahren. Es hatte einen auffallend länglichen Schwanz, mit dem er es insgesamt auf über 1 m Länge brachte.

Shonisaurus

Ein Wasserbewohner aus der Gruppe der Ichtyosaurier aus dem Norium (216,5 bis etwa 203,6 Millionen Jahre). Mit teilweise über 20 m Länge ist er eines der größten Meeresreptilien überhaupt. Der Shonisaurus hatte einen eher rundlichen, walartigen Körper und eine längliche Schnauze, ähnlich einem Delfin.

Sinovenator (heißt „Chinesischer Jäger")

Vor 130 Millionen Jahren in der Unteren Kreidezeit lebte im heutigen China dieser kleine Fleischfresser. Er war nur etwa 50 cm hoch und 3 kg schwer. Abheben konnte er mit seinen sehr kleinen Flügeln wohl kaum.

Spinosaurus („Dornenechse“)

Sein Name beschreibt sein Aussehen: Etwa 1,5 m lange Dornenfortsätze hielten das auffällige Rückensegel des Spinosaurus. Der Fleischfresser lebte vor rund 100 Millionen Jahren in der Kreidezeit und konnte 17 m lang und 5 m hoch werden.

Stegosaurus (bedeutet so viel wie „Dachechse“)

Die Fossilienfunde des sehr populären Pflanzenfressers stammen aus dem Oberjura (155 bis 145 Millionen Jahre). Der Vierbeiner hatte auffällige Rückenplatten und Schwanzstacheln. Er konnte bis zu 9 m groß und etwa 4,5 t schwer werden.

Struthiomimus (der Name bedeutet: „Straußnachahmer“)

Das Aussehen des Struthiomimus ähnelt tatsächlich etwas dem heutigen Strauß, nur dass er bis zu 4 m lang werden konnte. Der Struthiomimus konnte sich mit beachtlicher Geschwindigkeit auf zwei Beinen fortbewegen. Er lebte ca. vor 75 bis 70 Millionen Jahren in der Oberen Kreidezeit. Seine Ernährungsweise ist bis heute nicht abschließend aufgeklärt.

Struthiosaurus („Straußenechse“)

Er war ein eher kleiner Vertreter der Ankylosaurier. Der etwa 2 bis 4 Meter große Pflanzenfresser hatte einen Panzer aus Knochenplatten und lebte vor etwa 75 bis 66 Millionen Jahren in der Oberkreide.

Suchomimus (zu deutsch etwa „Krokodilnachahmer“)

Der Suchomimus war etwas über 10 m lang und ca. 4 m hoch. Er lebte vor etwa 115 Millionen Jahren in der Unteren Kreidezeit. Auffällig ist seine lange, flache und schmale Schnauze, die es ihm vermutlich ermöglichte, neben Fleisch auch Fische zu fressen, die er im Wasser schnappen konnte. Ähnlich dem Spinosaurus hatte er den Ansatz für ein Rückensegel, das aber wohl nicht sehr ausladend war.

Triceratops (bedeutet etwa „Dreihorngesicht“)

Der bekannteste Vertreter aus der Gruppe der Ceratopsia. Wie sein Name schon andeutet, hatte er drei Hörner - zwei obere lange und ein kurzes - die er auf dem Nasenbein trug. Der Pflanzenfresser lebte gegen Ende der Kreidezeit vor 68 bis 65 Millionen Jahren und erreichte eine Länge von ca. 9 m. Als Zeitgenosse des Tyrannosaurus wird er häufig im Kampf mit diesem dargestellt.

Troodon (übersetzt ungefähr „Wunden reißender Zahn“)

Dieser Fleischfresser lebte in der Oberen Kreidezeit vor 75 bis 70 Millionen Jahren. Er wurde etwa 2,5 bis 3 m lang und nur bis zu 45 kg schwer. Der Name ergab sich angesichts seiner spitzen und gezackten Zähne.

Tylosaurus (tylo = Knopf, Knauf; wurde wegen seiner verlängerten Schnauze so genannt)

Mit seinen scharfen Zähnen machte der Tylosaurus die Meere der Oberkreide vor 85 bis 70 Millionen Jahren unsicher. Er konnte Längen von 6 bis 15 m und ein Gewicht von 8 t erreichen und hielt sich vermutlich gerne in Küstennähe auf.

Tyrannosaurus rex (zu Deutsch etwa :„König der Echsen“)

Ein echter Star unter den Dinosauriern. Auch wer gar keine Ahnung von Dinos hat, kennt meistens wenigstens ihn, den „König der Saurier“. Er lebte vor ca. 68 bis 65 Millionen Jahren in der Kreidezeit und ernährte sich als Räuber und vermutlich auch Aasfresser vom Fleisch anderer Saurier. Mit etwa 13 m Länge und einer Höhe von ca. 4 m war er ein stattlicher Kerl.

Unenlagia (bedeutet: „Halbvogel“)

Dem Unenlagia sieht man sehr deutlich die Mischung aus Vogel und Reptil an. Er war viel größer als der Archaeopteryx, nämlich etwa 2 m lang und ungefähr 100 kg schwer. Damit war er zum Fliegen wohl zu groß und seine Flügel im Verhältnis zum Körper auch zu klein. Er lebte in der Oberkreide vor rund 90 Millionen Jahren.

Velociraptor (heißt etwa „Schneller Räuber“)

Der Velociraptor war ein vermutlich etwas gefiederter, aber flugunfähiger Saurier, der sich flink auf zwei Beinen fortbewegte und vor 83 bis 71 Millionen Jahren in der Oberkreide lebte. Er erreichte eine Länge von etwa 2 m bei ca. 50 cm Hüfthöhe und einem geschätzten Gewicht von bis zu 15 kg. Der Velociraptor wird häufig als intelligenter Räuber dargestellt. Auffällig ist seine sichelartige Fußkralle, die er als effektive Waffe einsetzte.

Vulcanodon („Vulkanzahn“)

Im beginnenden Jura vor rund 200 Millionen Jahren lebte dieser eher kleine Vertreter eines Sauropoden. Er wurde nur 6 bis 7 m lang und ernährte sich – typisch für die Sauropoden – vegetarisch.

Mit Illustrationen von Jan Saße.

Umschlaggestaltung von Sigrid Walter, Walter Typografie & Grafik GmbH, Würzburg unter Verwendung einer Illustration von Jan Saße.

FSC
www.fsc.org
MIX
Papier aus verantwortungsvollen Quellen
FSC® C014496

Gedruckt auf chlorfrei gebleichtem Papier

ISBN: 978-3-440-12855-8
Redaktion: Anna-Maria Bodmer
Gestaltung und Satz: DOPPELPUNKT, Stuttgart
Produktion: Verena Schmynec
Printed in Germany / Imprimé en Allemagne